100% 위니캇

안느 르페브르 지음
김유빈 옮김

한국심리치료연구소

100% Winnicott

-Anne Lefèvre

100% 위니캇

발행일 • 2016년 3월 1일
안느 르페브르 지음
옮긴이 • 김유빈
펴낸이 • 이재훈
펴낸곳 • 한국심리치료연구소

등록 • 제 22-1005호(1996년 5월13일)
주소 • 서울시 종로구 새문안로 5가길 28 918호
Tel • 730-2537, 2538 Fax • 730-2539
www. kicp.co.kr E mail: kicp@naver.com

값 20,000원

ISBN 978-89-97465-18-7 93180

이 도서의 국립중앙도서관 출판시도서목록(cip)은 홈페이지
(http://www.nl.go.kr/cip.php)에서 이용하실 수 있습니다.
(제어번호: 2016004422)

100% 위니캇

Anne Lefèvre

목차

역자 서문

프로이트가 인간의 정신에서 무의식이라는 새로운 땅을 '발견' 한 진취적인 천재 '탐험가' 라고 한다면, 위니캇은 '선배 탐험가' 가 개척한 길을 '산책' 하면서 그 선배가 그냥 지나쳤거나 보지 못했던 것들에 관심을 가지고, 독자적으로 그의 길을 만들어 나간 사람이라고 말할 수 있을 것이다. 그는 프로이트학파와 멜라니 클라인학파로 분열되어 있던 초기 정신분석학계에서 누구의 편도 들지 않고 독자적으로 행동했던 정신분석가들 중 하나이다. 위니캇처럼 어느 쪽에도 속하지 않으면서 독자 노선을 추구했던 사람들은 제3의 그룹 또는 중간 그룹(The middle group)이라고 불리웠다. 그러나 위니캇은 자신을 프로이트학파로 여기지는 않았지만 큰 맥락에서 프로이트가 개척한 길을 따르고 있는 편이라고 생각하였다. 평생 제자도 두지 않았고 그의 생각을 이론으로 체계화하는 것까지도 거부하며 독자 노선을 걸었던 그였기에 그의 이론이나 사상은 자유롭게 퍼질 수 있었던 편이다.

누군가 내게 가장 좋아하는 정신분석학자를 꼽으라고 한다면, 나는 주저 없이 도널드 위니캇을 꼽을 것이다. 소아과 의사로 시작해서 나중에 정신분석가가 된 위니캇은 주로 어린아이들과 그 어머니들을 상대하였고, 그래서 그의 생각 또한 주로 아동을 대상으로 한 관찰에서 비롯된다. 그는 인간 안에 있는 무한한 가능성에 확고한 신뢰를 보이며 따뜻하고 유연한 시각으로 인간을 바라보고 인간을 긍정적으로 이해한 사람이다.

그렇다고 그가 한없이 자애롭고 선한 시선으로 인간을 바라보았다는 말은 아니다. 그는 어머니를 대하는 갓 태어난 어린 아기를 무자비한 폭군에 비유하였고, 그런 아기를 둔 어머니는 일시적으로 '정신병'에 걸린 환자(모성적 몰두)이며 그런 그에게 가끔씩 분노의 감정을 가질 수 있다는 주장을 서슴없이 한다. 그런 것이 인간이라고 하면서. 긍정적인 것 또한 마찬가지이다. 그는 아이의 훔치기나 거짓말하기, 공격적이고 파괴적인 행동들을 부정적인 것으로 보지 않았고 '반사회적 경향성'에서 기인한 것들로서 박탈 경험을 한 아이가 환경에 대해 다시 신뢰감을 가지기 시작했다는 표시로 보았다. 물론 그는 모든 비행을 '반사회적 경향성'에서 기인한다고 보지는 않았다. 그래서 그때 부모나 치료자가 그것들을 잘 감지하여 그 이전의 박탈 경험을 잘 보듬으면 그런 행동이 없어지지만, 그러지 않을 경우 그런 행동이 고정 될 수도 있다고 말한다.

위니캇의 글을 읽다보면, 우리 안에는 어릴 때 받은 크고 작은 상처가 아직 완전히 치유되지 않은 어린 아이로 존재하며, 우리를 불편하게 만드는 어떤 습관적인 사고나 행동, 어려움이나 증상 등은 그 아이가 우리를 부르는 소리이자 그 아이가 우리에게 보내는 메시지라는 생각을 가지게 된다. 우리 안에 있는 치유되지 않은 상처와 직면하여 그것을 인정하고 받아들이며 보듬어줌으로써 앞으로 나아가라고, 우리 안에 있는 어린아이를 진정한 '어른'으로 성장시키라고 하는 것이다.

이 책은 25년 넘게 아동을 대상으로 하는 심리치료사이자 정신분석가로 일하고 있는 저자가 그의 임상 경험들을 함께 곁들여 위니캇의 이론을 보다 쉽고 간단하게 정리해서 소개하는 대중적인 성격의 개론서로 보면 될 것이다. 이 책을 통해서 위니캇이 우리에게 말하고자 했던 것들을 보다 잘 이해하면서 우리를 다시금 되돌아보는 계기가 되었으면 좋겠다.

이 책이 나오기까지 수고를 아끼지 않은 많은 분들께 감사를 드린다.

2016년 2월

김 유 빈

서문

"모든 시작에는 '존재한다(being)' 라는 말이 있다.
그것이 없다면 '~을 하다' 라는 말은 아무 의미도
가지지 못한다."
"그 앞에 '나와 아직 구별되지 않은 타인이 함께 있다"
라는 문장이 없다면 '나는~나이다(I am)' 라는 문장은
아무 의미도 가지지 못한다.
'존재한다(being)' 라는 문장을 쓰는 것이 더 적절한 것도,
'나는~나이다(I am)' 라는 그 다음 단계에 해당되는
문장이 있기 때문이다."[1]

위니캇은 주체의 삶에서 환경의 중요성을 처음으로 강조한 정신분석가이다. 그런 그에게 있어서 환경이란 먼저 어머니를 가리킨다.

21세기에 들어서서 세상이 많이 변하였고, 인간이 살아가는 전반적인 환경도 많이 변했지만, 갓 태어난 아기가 어머니와의 관계에서 필요로 하는 것들은 조금도 변하지 않았다. 우리 조상의 조상들이 살았던 시절, 더 나아가 인류가 태동했던 시절부터 갓난아기들은 언제나 같은 모습을 하고 있었다.

---

1. D. W. Winnicott, Le bébé et sa mére, Payot, 1992, p.30.

여태까지 변하지 않았고 앞으로도 변하지 않을 사실은 인간은 미성숙한 상태로 태어난다는 사실이다. 다시 말해 인간은 근본적으로 의존적인 상태로 태어난다.

어린 아기가 조화롭게 성장하고 발달하기 위해서는 환경이 연속성과 신뢰성, 안정성(fiabilité)을 마련하고 그에게 적응하는 것이 필요하다. 어린 아기의 최초의 육체적, 정신적, 정서적 발달이 어떻게 진행되었느냐 하는 것이 그 아이의 이후의 삶을 결정한다. 이 사실은 과거에도 그랬으며, 오늘날에도 여전히 그렇다. 이것을 성인 환자의 입을 빌려서 말한다면 "누군가와 관계를 맺어야만 미래도 가능하지요"가 된다.

영유아의 발달 과정을 면밀히 관찰했던 위니캇은 그것을 이론화하였다. 또한 그는 부모가 아이를 건강하고 독립적으로 키우는 데 있어서 참고하거나 유용하게 사용할 수 있는 여러 가지 지침들을 추려내었다.

세상이 비록 많이 변하였지만, 위니캇의 풍부하고 생생하며, 독특하면서도 열려 있는 사상과 어머니를 통해서 아이에게 전달(transmission)되는 것들에 대한 통찰 및 정신신체 의학 방면에서 그가 이룬 업적들은 우리에게 새로운 지평을 열어준다.

위니캇에게서 종종 발견하게 되는 역설적인 시각은 때때로 우리를 당황하게 한다. 그의 시각을 통해서 우리는 처음에는 부정적으로만 생각되었던 사건도 우리가 그것을 어떻게 이용하느냐에 따라서 얼마든지 긍정적으로 작용할 수 있다는 사실을 깨닫게 된다.

그래서 낙제를 하게 된 아이는 처음에는 그 사실 때문에 절망을 하지만 곧 유급한 새로운 반에 더 편안하게 적응하면서 학교생활을 즐기게 된다. 또 예전과 비교해 자기주장을 할 수 있게 된 자신의 모습에 안도감도 느낀다. 마찬가지로, 해고를 당해 인

생의 진로를 수정하게 된 성인은 상상도 하기 싫었던 그 사건(해고)이 결국 그가 가장 바랐던 사건이었음을 깨닫게 된다.

긍정적인 사고의 소유자였음이 명백했던 위니캇이 강조했던 것들은 더 있다. 바로 그 사람을 만드는 데 있어서 창조성과 놀라운 일들과 뜻밖의 사건들이 가진 역할이다.

제 1 장
위니캇의 생애와 사상

도널드 우드 위니캇은 1896년 플리머스(Plymouth) 시(市)의 감리교 신도의 가정에서 태어났다. 어머니와 두 명의 누나, 유모로 이루어진 여성적인 환경에서 자랐던 그는 어머니에게 많은 사랑을 받았으나 아버지와의 관계는 소원했던 편이다. 그런 여성적이고 모성적인 환경에서 자란 그가 그 이후 어머니와 아기들과 잘 공감할 수 있었던 것은 별로 놀라운 일이 아니다.

위니캇의 두 번째 아내였던 클레어 브리튼은 그가 아주 어릴 때부터 자신이 사랑받고 있다고 느꼈고, 가정에서 느꼈던 안전함을 아주 당연한 것으로 여겼다고 전한다.

그러나 그는 매우 어린 나이에 어머니가 우울증을 앓는 것을 경험하였고 그 경험은 그에게 깊은 인상을 남겼는데, 그의 이론이 이를 증명한다. 그 경험을 67세의 위니캇은 '나무'라는 감동적인 시에서 다음과 같이 언급한다: "어머니가 눈물을 흘리고 있다… 내게 있어서 어머니는 그런 사람이었다."[1] 그래서 어린 위니캇은 자신에게 '죽어있는 엄마'에게 생명력을 불어 넣고 그녀를 '살아 있는' 상태로 만드는 역할을 부여하였다.

---

1 Adam Phillips, Winnicott ou le choix de la solitude, L' Olivier, 2008, p.67.

위니캇이 자랐던 환경에서 예술적인 요소들—주로 음악과 유머—은 매우 중요한 역할을 가지고 있었다. 일곱 살에서부터 열네 살 때까지 위니캇에게 놀이 상대가 되어 주었던 것은 5명의 사촌 형제였다. 그렇게 여러 명의 아이들과 교류를 맺었던 생활은 그의 아버지가 그를 기숙사에 보내기로 결정하면서 중단되었다. 그 이유는 위니캇을 다시 바른 길, 즉 '젠장' 같은 욕을 하지 않는 길로 인도하기 위해서라는 것이 그 이유였다.[1]

학창 시절에 어깨뼈 부상을 당하면서 병원 신세를 지며 의사들에게 의존할 수밖에 없는 유쾌하지 않은 경험을 하게 된 위니캇은 스스로를 치료할 수 있도록, 자기 자신이 의사가 될 결심을 하였다.

"나는 머릿속에 내가 평생 다치거나 아프기라도 한다면, 의사에게 의존할 수밖에 없는 내 모습을 상상조차 할 수 없었다. 그렇게 되는 것을 피할 수 있는 가장 좋은 방법은 내 자신이 의사가 되는 것이었다."[2]

이렇듯 위니캇의 삶에서 의존의 문제는 아주 초반부터 등장한다.

위니캇은 두 번 결혼을 하게 되지만, 자녀는 없었다. 그는 먼저 앨리스 테일러라는 예술가와 결혼하였는데, 그녀에게는 여러 번의 정신과 입원 기록이 있었다. 그 다음 1948년 그의 아버지가 사망한 뒤 위니캇은 2차 세계 대전 중에 만난 클레어 브리튼(Clare Britton)이라는 사회 복지사와 결혼하게 된다. 그들 부부에 대해 클레어 브리튼은 "우리 두 사람에게는 똑같이 즐길 줄 아

1 "제기랄"이나 "젠장" 같은 말은 "제대로 자란" 아이 입에서 나오기에는 부적당한 말이다.
2 L' Arc no. 69, "D. W. Winnicott", 1977, p. 33.

는 능력이 있었다"라고 전한다. 이 '능력'이라는 단어는 위니캇의 사상에서 핵심 키워드가 되는 단어이다.

행복한 사람

위니캇에게 분석을 받았던 사람들 가운데 잘 알려진 분석가인 마수드 칸(Masud Khan)은 그를 두고 '행복한 사람', 항상 움직이는 건장한 스포츠맨이라고 일컬었다. 위니캇에게는 모든 것이 나눔이자 교류였다. 그는 농담을 즐길 줄 아는 사람이었으며 지나친 박식함을 경계하는 사람이었다. 역설은 그에게 있어 모순과 공존할 수 있는 방법이었다.

그의 아내 클레어가 발을 다쳤을 당시의 일화를 들어보면, 위니캇 안에 있었던 놀이와 환타지(환상)에 대한 욕구, 현실적인 장애를 쉽게 받아들이지 못하는 그의 안에 있는 어린아이의 모습을 엿볼 수 있다.

"집에 붕대가 없었을 때 위니캇은 나에게 자기가 붕대를 사올 테니 그가 돌아올 때까지 누워 있으라고 하였다. 두 시간이나 지나서 굉장히 기분 좋게 집으로 돌아온 그는 나를 위해서 사온 얇은 금팔찌를 선물해 주었다. 그러나 정작 붕대는 깜빡 잊고 사오지 않았다."[1]

---

1 Ibid., p.36.

실제로 위니캇이 아내에게 짜증을 부리던 유일한 순간들은 그녀가 아플 때였다: "그는 내가 더 이상 자신의 아내, 그의 놀이 파트너로 있지 않고 그의 환자가 되는 순간을 굉장히 싫어했다."[2]

그런 욕구 외에도 위니캇에게는 소통에 대한 욕구가 많았다. 현실은 다른 사람들과의 관계를 통해 성립될 수 있는 것이기 때문에, 그는 다른 사람들이 자기에게 대답하고 반응해줄 것을 필요로 하였다. 위니캇이 멜라니 클라인을 비판했던 것도 바로 그런 문제와 관련해서였다. 그는 자신이 생각하는 소통에 대한 이미지를 윔블던 경기 중에 공을 주고받는 테니스 선수의 모습에 비유하며 그것을 추 운동이라 표현하였다. 하지만 시간과 경험이 쌓이면서 위니캇은 인간 안에는 바깥과 전혀 소통하지 않는 중심 핵, 신성하고 절대 침범되어서는 안 되는 핵이 존재한다는 생각을 가지게 되었다.

1,2차세계대전의 발발은 위니캇에게 깊은 인상을 남기며 이후 그가 나아갈 방향과 장래에 아주 많은 영향을 미쳤다.

1941년 의학 공부를 하기 위해 케임브리지 대학의 지저스 칼리지(Jesus College of Cambridge)에 들어간 위니캇은 학업이 중단되는 상황을 맞았다. 학생 자격으로 징집을 면한 그는 1917년 외과 수련의로서 해군에 지원하여 중형급 군함의 군의 역할을 맡게 된다. 전쟁이 끝난 뒤 1918년 대학을 다시 다니면서 1920년에 의사 자격을 얻으면서 (정신분석가가 되기 전에) 먼저 소아과 의사가 된다. 그러나 1919년 프로이트의 정신분석 입문을 선물받았던 위니캇은 이미 그 분야에 관심을 가지고 있었다. 그는 무의식과 억압, 갈등에 대한 프로이트의 이론을 자신의 것으로 받아들이면서 프로이트의 발견이 그가 선택한 분야에 아주 커다란 공헌을 한다고 여겼다.

---

2 Ibid., p.37.

1923년 제임스 스트레이치(James Strachey)와 처음으로 분석을 시작한 위니캇은 그 다음 해에 앨리스 테일러와 결혼을 하고, 자신의 이름을 내걸고 진료실을 열게 된다. 서른 살 무렵에는 영국 정신분석 협회의 일원이 되었고 이후 협회 회장직을 두 번 맡게 된다. 이후 그는 멜라니 클라인에게 1935년에서 1940년 사이에 슈퍼비전을 받았고, 이후 두 번째 분석을 조안 리비에르(Joan Riviere)와 시작하게 된다. 이때의 위니캇은 중년의 나이에 접어든 숙련된 전문가였다.

결정적인 전환점

그에게 제2차 세계 대전은 결정적인 전환점이 되었다. 폭격을 맞은 런던은 아이들을 보호하기 위해서 그들을 대피시켰고, 위니캇은 그 과정에서 가족에게 버림받거나 가족과 헤어진 많은 아이들이 박탈감과 다른 다양한 증상 때문에 고통스러워하는 것을 관찰하게 된다. 그가 조안 리비에르와의 두 번째 분석을 시작한 시기도 바로 이때였다.

그렇게 혼란스러운 시기는 '커다란 논쟁'의 시기이기도 하다. 당시 아동을 대상으로 하는 정신분석은 초기 단계에 들어선 상태였고 그 분야의 개척자이자 대모였던 멜라니 클라인(Melanie Klein)과 안나 프로이트(Anna Freud) 사이에는 치열한 논쟁이 오가고 있었다. 그런 가운데 중도를 걷던 위니캇은 어느 편에도 서지 않고 '독립파' 그룹인 제3그룹에 들어간다. 두 파벌 사이의 분열을 지지하지 않았던 위니캇의 글은 굉장히 많이 읽혔지만 '학파는 절대 만들지 않고' 혼자서 움직였다.

정신분석가들 중 의사와 의사가 아닌 사람의 문제가 논쟁의 초점이 되었던 상황에서 안나 프로이트와 멜라니 클라인 두 사람 모두 의사가 아니었다. 그래서 역설적이게도 의사인 동시에 아동 정신분석가로 처음 기록되었던 사람이 바로 남성인 위니캇이었다. 위니캇의 유명한 치료 사례를 다룬 저서 '피글; 한 어린 소녀의 정신분석적 놀이치료 사례' 서문에는 그 자신의 이중적인 경력을—추측컨대, 자랑스럽게—언급한 대목이 나온다: "그 당시 소아과 의사인 동시에 정신분석가이기도 했던 사람은 나밖에 없었으며 향후 30년 동안 나는 그 유일한 케이스로 있었다."[1]

이쯤에서 그가 다양한 청중을 상대로 많은 연설과 강연을 했던 사실을 밝히는 것이 중요하다. 그는 강연 활동을 하면서 그것을 자기 개인의 경험으로 삼았고, 청중에게 피드백을 받으면서 자신의 주장을 조금씩 수정하거나 뉘앙스를 달리 하면서 그것을 자극의 원천이자 다양한 배움의 원천으로 삼았다. 그는 강연에서 궤변을 늘어놓지 않았으며 명확하고 직설적이면서 생생한 언어를 사용했고, 창의력도 풍부하였다. 위니캇은 아기엄마들과 이야기 나누는 것을 무척 좋아했으며, 라디오 방송이나 당시의 공적인 행사와 활동에 참여하기도 하였다. 여기에서 그의 성격 가운데 강조해도 좋을 법한 특징을 하나 들라면 바로 겸손함이다. 위니캇은 여러 차례 자신에게 많은 가르침을 준 그의 환자들에게 감사를 표했고, 그의 모든 것이 다 그들 덕분이라고 말하기도 하였다.

그가 생전 활동했던 시기를 보다 잘 파악할 수 있게 당시 그와 친밀한 교류 관계를 유지하고 있었던 정신분석가 몇 명을 거

---

1 D. W. Winnicott, La Petite 'Piggle' : Traitement psychanalytique d' une petite fille, Payot, 2000, 서언, p.14.

론한다면, 우리가 잘 아는 자크 라캉이나 조이스 맥두걸을 들 수 있다. 위니캇은 그들을 통해서 프랑스를 방문하기도 하였다.

위니캇이 영국학파의 산물로 주체의 형성 과정에서 가장 핵심이 되는 인물로 어머니를 꼽았다면, 라캉은 프랑스학파의 산물로 아버지를 그 핵심 인물로 꼽았다. 그럼에도 불구하고 위니캇 스스로는 프로이트 학파의 연장선상에 자신을 놓았다. 그는 프로이트의 주장에 항상 찬성하지는 않았지만 그 이후 그들과 비슷한 문제에 관심을 가지고 연구를 계속하였다.

위니캇의 실존 철학

삶을 긍정적인 눈을 가지고 보았던 위니캇의 사상은 그래서 반 비관주의적 입장을 취한다. 그래서 그의 글을 읽는 것만으로도 숨통이 탁 트인다는 느낌을 받을 수 있다.

실제로도 소아과 의사이자 정신분석가인 그는 실패보다는 성공의 조건에, 병보다는 건강에 관심을 보인다. 위니캇의 시선이 향하는 곳은 미래와 희망이다. 그는 유년기, 더 나아가서 인간 자체를 건강과 정상이라는 척도를 가지고 바라보는 의사이다. 이는 아마 정신분석적 입장보다는 의학적인 입장에서 바라보고 말한다고 볼 수 있다.

위니캇에게 있어서 건강은 단지 증상이 없다는 것 이상의 개념이다: 건강은 사람들이 불완전하고 온전하지 못한 것들을 가지고 무엇인가를 구성할 줄 아는 것을 의미했다. 건강하다는 것은 우리 삶에서 불가피하게도—그리고 다행스럽게도!—만족스럽지 않은 부분들을 창의적인 방법으로 변화시킬 수 있는 능력을 길렀다는 것을 의미한다.

처음부터 갓난아기는 어머니의 행동에서 모자라고 부족한 부분—부족하지만 유익하게 부족한—을 창의적으로 메우면서 '충분히 좋은 엄마'로 만드는 데 자신의 역할을 다한다.

위니캇은 우리가 계속 창의성과 자발성을 가지고 있다면 우리의 삶은 살아갈 만한 가치를 충분히 지니고 있을 것이라고 말한다. 그것들만 있으면 아이나 청소년, 성인은 그가 필요로 하는 자신이 실제 존재하고 있다는 느낌을 받을 수 있다.

중요한 것은 사건 자체가 아니다. 그 사건을 우리가 어떻게 받아들이고 이를 다루는지가 중요하다. 삶을 바라보는 우리의 시각이 우리의 삶에 색을 입히는 것이다.

위니캇이 우리에게 남긴 소중한 메시지를 이렇게 표현할 수 있다: "세상에서 가장 진지한 행위들인 놀이하고, 꿈을 꾸고, 창조하는 행위를 잊지 마십시오."

우리의 매일의 삶과 관계되는 진정한 창의성은 우리의 어떤 내적인 자세를 가리킨다: 우리는 심리학 수업을 준비할 때나 사과 파이를 구울 때나 언제나 창의적일 수 있다.

위니캇은 1971년 심장마비로 사망한다.

제 2 장
"갓난아기는 혼자서 존재하지 않는다"

프로이트가 유아의 성적 욕구를 발견한 다음 그의 이론적 토대를 오이디푸스 콤플렉스, 다시 말해서 아버지와의 관계에 대한 극화(劇化) 위에 수립하였다면—그에 의하면 아이의 삶에서 중심이 되는 인물은 바로 아버지이다[1]—위니캇은 아기와 어머니의 관계에 결정적인 중요성을 부여하였다. 그는 처음에는 소아과 의사 입장에서, 나중에는 분석가 입장에서 연구의 초점을 점차 어머니가 아기를 돌보는 모성화[2] 시기에 집중시켰다. 그가 가장 관심을 보였던 시기는 생의 이른 시기였다. 그는 이후 조산아를 접하고 관찰할 수 있는 기회가 자신에게 주어졌었다면 참 좋았을 것이라는 아쉬움을 남기기도 하였다.

제2차 세계대전 당시 위니캇은 너무 이른 나이에 어머니와 분리되는 경험을 했거나, 너무 오랫동안 분리되었거나 그 분리

---

1 오이디푸스 콤플렉스는 모든 아이들이 네 살 무렵 겪는 성적 위기이다. 그의 어머니를 사랑하는 사내아이들은 아버지를 내쫓으려고 하고, 아버지를 사랑하는 여자아이들은 어머니를 내쫓으려고 한다. 자연히 아이들은 욕망과 불안 사이에서 갈등을 겪는다. 아이의 성적 정체성이 통합되는 것은 이 갈등으로부터 생긴다.

2 모성화는 어머니나 어머니의 대리인이 갓난아이에게 베푸는 돌봄을 말한다.

를 너무 급작스럽게 경험한 아이들을 돌보게 되었다. 거기서 그는 다양한 연령대의 아이들이 여러 가지 증상들을 보이는 것을 관찰하면서 어린 아동에게 '환경의 결핍'이 미치는 해로운 영향을 깨닫게 된다.

위니캇에게 있어서 그의 개인적인 삶은 물론 분석가로서 경계선 장애 환자[1]들과 경험한 것들은 모두 그의 사고와 분석의 자료가 되었다. 그는 특히 분석 과정 속에서 환자들이 의존적이 되고, 퇴행하는 모습을 보았고, 그 환자들을 관찰하는 것이 젖먹이를 직접 관찰하는 것보다 더 많은 것을 알려준다는 사실을 깨달았다.

위니캇이 그의 연구와 관찰의 기점으로 삼았던 생의 시기는 프로이트나 멜라니 클라인, 라캉이 기점으로 삼았던 시기와 달랐다. 그들이 기점으로 삼은 시기는 위니캇의 관점에서는 이미 많은 발달이 일어난 (혹은 일어났어야 하는 발달이 일어나지 않은) 후였다. 그러나 위니캇은 그들보다 더 이른 시기의 인간의 삶을 관찰하면서, 인격이 출현하는 데 필요한 조건들에는 어떤 것들이 있는지에 관심을 가졌다.

단일성이라는 말은 "환경-개인"의 구조를 말한다.

이제 막 태어난 아이는 그를 맞이하고 받쳐주며 먹여주는 세심하고 호의적인 환경이 없이는 혼자서 살아남지 못한다. 더 나

1 경계선 장애라는 말은 그에게서 신경증과 정신병 사이의 경계가 분명하지 않은 장애를 가리킨다.

아가 '인간' 이 되지 못 한다. 지난 세기 아베롱 지방에서 발견되었던 늑대소년[1] 빅토르는 뒤늦게 사람의 품으로 돌아갔지만 결국 진정한 의미의 '인간' 이 되지는 못했다. 그에게 있는 '인간으로서의 유산' 을 끝까지 자기의 것으로 하지 못한 것이다.

아무리 '앞으로 이루어질' 잠재적인 요소가 아기 안에 있다 할지라도 아기의 기본적인 필요 너머에 있는 것까지도 예측하고, 거기에 대비하는 환경이 없다면 그 요소는 결코 발현되지 못한다. 아기의 목숨과 그 존재의 연속성을 지키는 것은 어머니의 몫이며, 아기가 태아 때는 충만감을 느끼고, 바깥 세상에 나온 뒤에는 그 세상과 만나는 것이 점진적으로 이루어졌을 때 가능해진다.

어머니와 아이는 하나다.

역설이다! 아기라고 불릴 만한 것은 존재하지 않는데 환경에서 아기가 차지하는 비중이 이리도 크다니! 강연 도중 흥분한 위니캇이 자신도 모르게 내뱉은 이 발언에 당사자도 처음에는 놀라며 당황했지만 곧 진정하면서 그 경위를 이렇게 밝혔다:

"누가 내게 아기를 보여줄 때는 언제나 그 아기를 돌보는 사람이나, 적어도 누군가의 눈과 귀가 쏠린 유모차 또한 같이 보여준다. 이때 우리는 젖먹이와 그를 돌보는 사람 한 쌍을 마주하고 있는 것이다."[2]

---

1 역주: '아베롱의 야생아'

2 D. W. Winnicott, De la pédiatrie à la psychanalyse, "L' angoisse associée à l' insécurité", Payot, 1969, p. 200.

즉, 단독으로 존재하는 아기란 없으며 존재하는 것은 '그를 받치고 있는 팔이 있는 아기, 그를 만지고 움직이게 하는 손이 있는 아기'이다. 다시 말해서 우리 앞에 있는 것은 '아기를 받치고 있고-그에게 이야기하며-그를 지켜보는-엄마와 함께 있는-아기'이다. 그리고 그 갓난아기에게 있어서 어머니가 걸치고 있는 목걸이나 어머니 목소리, 냄새는 전부 어머니의 일부로서의 지위를 갖는다.

초기 어머니와 융합된 단계의 시기에는 "한 개인의 단위의 핵이 되는 것은 그 개인 하나가 아니라, 환경과 개인이 함께 구성하는 그 구조(structure) 단위이다. 존재의 중심핵이 되는 것은 개인이 아니라, 환경-개인이라는 구조 단위에서 찾아야 한다."[1]

첫 번째 거울, 어머니

유아의 심리적 구조는 어머니에 대한 유아의 경험의 내용—유아의 실제 어머니가 어떠한 사람인지, 어떤 식으로 아기에게 말을 걸고 아기를 대하는지, 그를 어떻게 안아 주고 기저귀를 갈아주는지 등—을 포함한다. 그래서 유아가 어머니를 바라보는 것은 결국 아기가 자기 자신을 바라보고 있다고 말할 수 있다. 우리가 거울에 우리의 모습을 비춰 보듯이 유아도 그의 첫 번째 거울에 해당되는 어머니의 시선에서 자기 자신의 모습을 비추어 보게 된다.

이러한 '거울 효과'는 형제 사이에서도 경험할 수 있다. 서로를 바라보며 머리를 빗는 어느 쌍둥이 자매처럼 말이다. 그 중 한 명이 치료사에게 이런 말을 한다: 언니의 눈에 비치는 것을

1 Ibid., p. 201.

읽으면 자기 자신에 대해서 알 수 있다고. 아마 그 반대도 사실일 것이다.

인간의 삶의 아주 이른 시기에 해당하는 3~4개월까지는 '외부 요소'를 언급하는 것이 거의 불가능하다. 그녀 개인의 모든 특성을 포함하여 어머니는 유아의 일부이다: 생의 초기 아기와 엄마는 하나를 이루는 것이 아니라, 그 자체가 하나이다.

어머니와 융합되었다고 느끼는 유아의 주관적인 경험을 위니캇은 지각(perception)을 앞서간다며 통각(apperception)이라고 불렀다.[1]

유아의 인식은 통각을 거쳐 지각으로 이어진다. 어떤 과정을 거쳐서 이렇게 되는가? 유아가 이렇게 말한다고 생각할 수 있다: "내가 보여지는 것을 내가 바라볼 때, 나는 존재한다. 그러므로 나는 이제 바라볼 수 있고 볼 수 있다. 이제 나는 창조적으로 보면서, 내가 통각하는 것을 또한 지각할 수 있다. 실제로 나는 내가 필요로 하지 않는 한 거기에 없어서 보이지 않는 것을 피곤하지 않는 한, 보여지기 위해 있는 것을 보지 않을 수 있다."

특히 마지막 문장은 후에 일어날 '나'와 '나가 아닌 것'의 분리를 언급하는 것이기 때문에 그냥 흘려 넘겨서는 안 된다('자기'에 대한 용어 해설을 볼 것).

엄마는 곧 아기이며 아기는 곧 엄마이다. 같은 거품 안에 있는.

아기는 자기 자신과 엄마를 구분하지 않고, 그녀와 융합을 한다. 이 지각은 환상의 근간이 된다:

막스는 어떤 한 분석 시간에 자신의 분석가에게 이렇게

---

1 D. W. Winnicott, Jeu et Réalité, Gallimard, 1975, p.158.

> 말한다. "오늘 여기 오면서, 감격스러운 기분이 들었습니다… 당신을 향해서 어떤 충동을 느낄 때마다 저는 또한 제 자신과도 다시 만나게 되는데, 이 둘은 결국 같은 것입니다." 천식을 앓는 그는 이렇게 설명한다: "저는 당신에게 전적으로 의존하며 숨을 쉽니다. 이렇게 가끔 발작이 오지만, 당신 쪽은 숨이 다시 돌아올 것을 알기 때문에 저 또한 끝까지 숨을 쉬는 게 두렵지 않습니다… 그 순간 당신은 인류를 대표하는 유일하는 존재가 됩니다."

막스의 예는 극도로 의존적인 단계에 있는 성인에게 나타나는 전이현상을 묘사한다. 이는 그가 자신의 호흡 리듬을 다시 찾기 위해서는 자신의 분석가의 호흡 리듬에 맞춰야 한다고 말하는 데서 볼 수 있다.

위니캇은 다음과 같은 재미있는 언급을 한다.

"지금 막 태어난 아기에게는 어머니의 호흡이 더 의미가 있을지도 모른다. 자신의 가파른 호흡은 그 리듬이 어머니의 것과 비슷해지기 전까지는 아무런 의미도 갖지 못한다. 분명 아기들은 자신들도 모르는 사이에 여러 가지 리듬과 교차 리듬을 가지고 놀고 있을 것이다…"[1]

"그것은 다음과 같은 계열로 이루어져 있을 것이다: 어머니의 호흡에 대한 아이의 태내 인식—자궁 바깥에서 들려오는 어머니의 호흡에 대한 아이의 인식—자기 자신의 호흡에 대한 아이의 인식."[2]

---

1 D. W. Winnicott, La Nature humaine, Gallimard, 1990, p. 188.
2 Ibid., p. 188.

절대적 의존이 지배하는 생애 초기 아기—남자 아이건 여자 아이건—의 세계를 지배하는 것은 '순수 여성성'이다. 이 시기의 아기는 어머니와 하나를 이루며, 본인만의 고유한 정체성이라는 것에 대한 인식도 없고 '나'와 '나가 아닌 것'을 구별하고, 분리하는 데 필요한 어떤 도구도 갖추고 있지 않다. 자기 몸의 경계도, 그 한계도 모르며, 자신의 몸 안에 들어 있지 않다. 아직 머물 곳이 없는 상태이다. 아기의 '나'(moi)는 그를 안고 있는 엄마의 (혹은, 엄마라는) '나'이며, 그 사실 또한 모르고 있는 상태이다. 대상은 곧 주체이며, 아기는 곧 어머니의 젖이거나 어머니 자체이다. 그는 '존재한다'는 경험을 통해서 자신의 성격을 형성한다. 막스가 정신분석치료를 통해서 다시 경험하게 되는 시기도 바로 이 시기이다.

앞으로 이루어질 존재인 아기

아기는 미성숙한 상태로 태어난다. 그의 정신-신체적, 정서적, 지적, 운동적 발달은 그를 맞이한 틀 안에서 이루어지게 된다. 가정은 아기가 앞으로 성장하게 되는 토양이 된다. 그러한 이유 때문에 아기와 어머니와의 관계는 곧 아이의 일차적 자기애(narcissisme primaire)와 자존감의 원천이 된다.

그 틀에는 애완동물도 포함된다: 이들 역시 아기의 주변 환경이 되는 것이다. 그에 대해서 위니캇은 다음과 같은 아름다운 글을 남겼다:

"당신이 방금 화분 안에 노란 수선화 구근을 심었다고 합시다. 당신은 그 구근을 수선화로 만드는 것이 당신이 아니라는 사실을 잘 알고 있습니다. 당신은 알맞은 흙을 제공하고 적당량의 물을 줄 것입니다. 나머지는 자연스럽게 올 것입니다. 그 구근 안에는 생명이 있기 때문입니다..."[1]

실제로 모든 아기는 그 안에 어떤 생명 원리와 생명의 불꽃, 창조적 가능성을 가지고 있다. 그러나 그것이 발휘되기 위해서는 아기가 태어난 후 주변 환경이 이를 영속적으로 기능—영양을 공급하고, 심리정서적인 돌봄을 통해—해야 한다. 돌봄이 끊이지 않아야만 아기가 자신이 실제 존재한다고 느끼기 때문이다.

자연적인 과정이라 할지라도 그것이 제대로 진행되기 위해서는 안전하고 안정적인 환경이 필요하다. 아기가 태어난 뒤 이루어내야 하는 과제는 어마어마한 것이기 때문에 그를 돕고 진행 과정을 촉진하는 요소를 제공해줄 필요가 있다.

위니캇이 종종 '일자관계(relation à un)' 라고 부르던 자기가 자신과 맺는 첫 번째 관계—주체/아기 및 대상/어머니 결합—는 이후 '이자관계' (relation à deux), 즉 자기와 구별되는 존재인 어머니와 맺는 관계를 형성하기 위해서 꼭 거쳐야 하는 심리적인 단계이다. 그것이 지나면 아기는 아버지가 포함되는 삼자관계를 맺을 만큼 성장한다.

생애 초기의 아기는 혼자서는 아무것도 할 수 없는, 절대적인 의존 상태에 있다. 말조차 할 수 없는 환상 속에 있는 존재(infans)이기 때문에 그 의존성이 더욱 더 큰 것이다: 어머니가 그를 안아주고 받치고 있을 뿐만 아니라, 알아들을 수 없는 그의 웅얼거림을 해석하고 거기에 의미를 부여하며, 그를(그 대신) 말한다.

---

1 D. W. Winnicott, L' enfant et sa famille, 1971, Payot, p. 29.

"너 지금 배가 고프지…" ; "자고 싶지… 내가 안아주었으면 하지…" 따뜻하고 팔팔하며, 아직 운동감각이 발달하지 않아 무력하고, 마구 울고 요구하는 이 '조그만 것'은 아직 '나'를 갖지 못한다. 이것의 '자기'는 아직 잠재적인 것으로(용어 해설을 보시오), 형성되어야 하는 것이다. 그리고 바로 이러한 의존성 안에—어머니의 적절한 돌봄이 있다는 전제하에—전능감이 존재한다.

전능과 환상

어머니가 아기의 필요를 충족시켜줄 때 아기는 긍정적인 전능 환상을 경험한다.

이런 장면을 떠올릴 수 있다: 우리 안에서 배가 고프다는 느낌이 들기 시작하면, 즉 충동(용어 해설을 참고하시오)으로 인해 긴장이 발생하면, 손이나 입은 이를 해소할 수 있을 것이라고 추정되는 대상을 향해 나아간다. 아기의 그런 동작을 상상해보라. 아기와 동일시한 어머니는 그에게 음식을 주고 싶다는 강렬한 욕구에 의해 아기 앞에 젖이나 젖병을 내놓는다. 이 시공간적인 우연의 일치 덕분에 아기는 자신이 (어머니의) 젖을 나타나게 했다는 환상, 이를 자신이 창조했다는 환상을 가지게 된다. 이를 통해 어머니가 주게 되는 것은 두 가지이다: 아기에게 젖을 주는 것과 동시에 그에게 젖을 주고 싶다는 욕망을 준다.

이러한 환상이 일어나기 위해서는 동시에 일어나는 이중의 움직임(mouvement)이 필요한데, 위니캇은 이것을 서로를 향해 움직이는 두 개의 벡터에 비유하였다.

아기의 필요에 적극적으로 대응하고 이것을 충족시키도록 생물학적으로 조건 지어진 (아기에 대한) 어머니의 거의 완벽한 적응은 아기에게 자신이 젖을 창조했다는 환상을 낳게 한다. 위니캇이 이것을 '생물학적 조건화'라고 했던 이유는 아기 엄마들에게서 의식적인 (아기와의) 동일시 외에도 깊은 무의식적 동일시를 관찰할 수 있었기 때문이다.

이렇게 아이는 점점 자신의 개인적인 창조 능력에 상응하는 외적 현실을 인지하게 된다. 환상은 조금씩 잃어 가지만, 전능감은 그대로 가지고 있다. 아기의 삶에서 가장 중요한 사건은 바로 이 대상을 나타나게 하고 사라지게 하는 일을 자신이 조종하고 있다는 환상이 붕괴되는 사건이다.

서로 융합된 하나의 단위가 환상을 공유하는 공간 안에는 "어머니와 아이 사이에 교류가 일어나는 것이 아니다. 아이는 자신의 일부인 것을 젖에서 취하고 어머니는 자신의 일부인 아이에게 젖을 주는 것뿐이다."[1]

의존적인 작은 사람

힘의 근원에는 의존이 있다. 의존적 상태에 있는 아이의 자아를 어머니의 자아가 받치고 있기 때문에 의존은 전능감의 근원이 된다. 그런데 의존적인 정도는 시간이 지나면서 달라진다. 위니캇은 의존의 각 단계를 구체적인 나이를 제시하며 구분하지 않았다.

1 D. W. Winnicott, Jeu et Réalité, Gallimard, 1975, p.22.

극도의 의존 상태, 태내

의존은 첫 단계인 태아시기에 극도로 크다. 태어나기 전의 아기는 자신의 모든 필요가 100% 충족되는 균형 잡히고 충만한 상태를 경험한다. 대상이나 개인은 존재하지 않고, 있는 것이라고는 '근원적인 고독'과 '환경에 대한 비의식(환경에 대한 자각이 전혀 없는 상태)'이다.

아기에게 엄마의 뱃속에서 보낸 9개월이라는 시간은 평온한 상태 경험—태아는 표상할 능력이 아직 없기 때문에—으로 새겨진다. 아이는 이 경험을 이후 자연스럽게 잠을 통해 다시 체험한다. 그것도 아니면 이후 요가나 이완 요법, 호흡법을 이용한 치유, 분석치료, 혹은 약물이나 여러 중독 행동과 같은 정도가 다른 퇴행을 가져오는 운동이나 행동을 통해 이를 다시 경험할 수 있다. 여기에 하나 덧붙이자면, 청소년들 사이에 퍼져있는 '질식 놀이'[1] 또한 위와 같은 맥락에서 이해해도 될 것이다.

위니캇은 엄마의 뱃속에 있는 동안 체험했던 처음의 평온하고 충만한 상태의 추구를 근거로 들면서, 죽음 충동이란 존재하지 않는다고 주장했다. 예를 들어서 많은 자살 시도들을 보면 그 뒤에는 "…을 멈추고, 다시 좀 편안해졌으면"이라는 욕구가 있는데, 이는 '진심으로 죽고 싶다'보다는 이전의 평온하고 충만한 상태로 돌아가고 싶은 욕구에 더 가깝다고 볼 수 있다.

절대적 의존- 탄생 이후

엄마의 뱃속에서 나온 아기는 이제 두 번째 단계에 들어선다.

---

1 역주: 프랑스에서는 아이들끼리 끈이나 다른 도구를 이용해 기절하기 직전까지 목을 조르거나 하는 놀이가 유행했는데, 이로 인한 사망자가 심심찮게 나와서 사회적으로 이슈가 되었다.

충만하고 무중력 상태에서 벗어난 아기가 처한 의존적인 상태는 체감될 뿐, 그가 자신의 의존성에 대한 인식이 없기 때문에 두 배가 된다. 갓난아기는 모성적 돌봄에 대해서는 아무것도 알지 못한다. 태어난 후의 3~4개월이 이 시기에 해당된다.

어머니가 그를 자기 품에 안기 때문에 아기는 적절한 모성적 돌봄을 통해 느끼게 되는 사랑이 더 이상 태내에 있을 때처럼 사방에서 오는 것이 아니라, 밑에서 온다고 느낀다. 어머니가 아이를 안는 방식은 그래서 중요하다. 그 이유는 존재의 중심이 겉에서 보호해주는 껍질이 아니라 중앙 핵—나중에 한 '개인'으로 성장하는 핵—에 제대로 자리하기 위해 필수적인 요소인 '안전감' 형성이 그것에 달려 있기 때문이다(안아주기를 다룬 장을 볼 것/ 페이지)

위니캇은 개인-환경이라는 최초의 관계를 큰 공 안에 작은 공이 들어있는 모습에 비유하였다. 안에 있는 작은 공은 일종의 '실존 상태'[1]를 떠올리게 하는, 나중에 하나의 '개인'이 되는 핵이다. 그리고 그 공 둘레를 일종의 범퍼인 어머니의 자아가 둘러싸고 있다.

위의 비유는 생애 초기에 경험하는 절대적 소외 상태를 잘 그리고 있다. 이러한 초기의 소외 상태를 벗어나기 위한 방법에는 두 가지가 있다.

모성적 돌봄이 중앙의 핵을 충분히 받쳐주고 있다면, 아이는 점차적으로 자신의 환경을 탐색해 나간다(상황 A). 자기 안에 있는 생명 충동과 잠재된 창조성에 의해 아기는 세상을 "자신만의 고유한 동작, 움직임, 눈과 혀"를 통해 발견하고, "이때 바깥세상과의 만남은 삶 그 자체이다". 풍요로운 생이란 이야기다. 자기 자신이 그 주역이기 때문에 아기는 "침범을 받아들인다." 이것

---

1 Ibid., p. 166.

이 바로 '존재함'(Being)과 실재한다는 느낌의 토대가 된다.

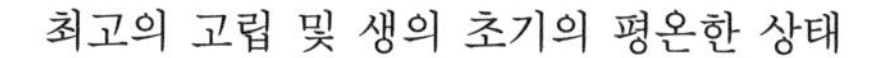

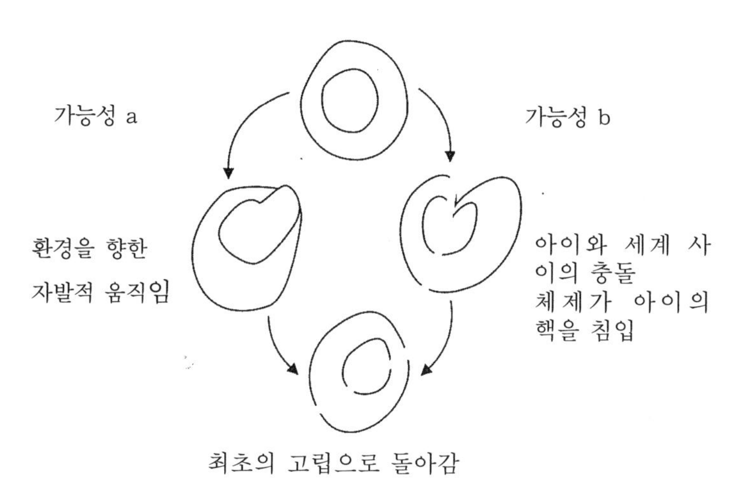

반대로, 세상이 앞으로 하나의 '개인'으로 형성될 핵과 부딪힌다면, 이 부딪침은 받아들여 지지 않고 일종의 침범으로 경험된다(상황 B). 이때 "'자기'의 의미는 상실된다." 아이는 침범하는 환경에 대한 반응으로 자발성을 잃고, 조개처럼 자기의 껍데기 안으로 들어가거나, 이전의 소외 상태로 돌아간다.

"적절한 돌봄의 기술과 (…) 전체 상황의 개선은 점차 껍데기 대신에 핵—우리 눈에는 여전히 장차 어엿한 하나의 인간으로 성장하게 될 작은 싹으로 보였던—의 성장을 돕고 앞으로 한 개인으로 성장할 수 있게 한다."[1]

1 Ibid., p. 201.

과거 약물중독자였던 소미는 자기가 갓난아기였을 때, 아침에 어머니가 자신이 눈을 뜨기도 전에 입에다가 젖병을 물리곤 했다고 말한다. 배고픔을 느끼거나 침을 흘릴 새도, 젖병을 향해 손을 뻗을 새도 없었다. 그래서 그녀는 수동적으로—만족감을 느끼기까지 하면서—먹임을 당했다(나중에 생긴 중독도 결국 여기에서 기인한다). 그녀가 충동의 경험을 하나의 놀이로 자기 안에 동화시키는 것은 불가능했다. 바깥 세상에 대한 탐색을 부추기는 생명의 약동도 경험하지 못했다. 자신에게 일어나는 일을 자신의 일로 인식하는 것이 불가능했던 것이다. 침범은 받아들여졌지만, 어머니에게 지지가 아닌 유혹을 당한 소미는 그 순간 자신이 실재하고 있음을 느끼지 못했다. 이런 식으로 그녀 안에는 중독 증상이 쉽게 생길 수 있는 토대가 형성되었다.

막스(Max)는 심리치료사에게 이와는 또 다른 침범 경험을 전한다.

"어릴 때 저는 꼭 그림에 나오는 것처럼 조용히, 얌전히 있으면서 방해가 되면 안 되었어요. 크리스마스 다음 날 바로 선물들은 다 다락방으로 옮겨졌는데, 저는 그것들을 가지고 놀면 안 되었어요." 그에게는 자발적으로 행동하는 것이 금지되었으며, 어린 남자 아이로서의 필요도 다 무시, 거절당했다. 그렇게 막스는 내성적인 아이가 되었다. 그는 이어서 "그래서 저의 가장 큰 오락거리는 창문에 매달려 아무것도 하지 않고, 그저 지나가는 차들을 지켜보는 것이었어요."

그 이후 자신이 살아있다고, 실재한다고 느끼고 세상을 향해 적극적으로 내딛기 위해서 얼마나 힘이 들었겠는가!

이러한 초기의 경험들은 우리가 자신을 둘러싸고 있는 것들을 인식하고 받아들이는 방식을 결정한다. 신뢰를 가지고 세상으로 나아가고 여러 경험 너머로까지 나아가 자신이 존재하고 실재한다고 느낄지, 아니면 확신과 자신감을 다시 필요로 할 때 자기 안으로 들어가 과연 삶이 살아갈 만한 가치가 있는지 없는지를 따지고 고민하게 될지가 결정되는 것이다.

절대적 의존에서 상대적 의존으로

아기는 성장하면서 점차 상대적 의존이라 불리는 세 번째 단계에 도달한다. 그는 어머니나 자신을 돌보는 양육자—아버지, 보모—의 돌봄을 필요로 한다는 사실과 자신이 그 돌봄에 의존되어 있다는 사실을 인식하기 시작하며, 그것들을 자신의 필요와 연관지을 수 있게 된다. 3~4개월에서 18개월, 2살 사이에 아기는 점차 자신을 둘러싼 환경의 존재를 인식하게 된다. 또한 절대적 의존에서 상대적 의존으로 넘어가고 있다는 신호들을 보낼 수 있게 되고, 이를 통해 환경을 조정하기 시작한다.

절대적 의존 단계와 상대적 의존 단계 동안에 아기는 전능감을 경험할 수 있지만, 환경이 결핍되었을 경우 완전한 유기 상태를 경험할 수도 있다. 이때 아기가 겪는 불안은 몸이 해체되는 것을 연상시키는 '멸절' 불안이나 '해체' 불안 같은 것이다.[1] 성인의 경우도 퇴행이 심할 경우 이러한 불안을 다시 경험할 수

1 이런 종류의 불안은 프로이트가 신경증 환자들에게서 본 거세불안과는 매우 다르다. 아기가 경험하는 불안은 신경증 환자들이 느끼는 불안보다는 정신병 환자들이 느끼는 불안에 가깝다.

있으며, 이는 끝없이 추락하거나 커다란 재앙에 휘말린 것 같은 느낌을 줄 수 있다.

줄리앙은 유독 힘들었던 분석 회기를 마치고 일어서는 순간 아찔할 정도로 깊이 추락하는 것 같은 느낌을 받으면서 그 자리에 주저앉고 말았다. 엘사의 경우 피할 도리가 없는 괴물들이 부모님 집의 지하실에서 나오는 것을 '지켜보는' 악몽을 꾸고, 이러한 불안한 꿈 때문에 다시 잠을 청하지 못한다.

이것을 통해 우리는 아주 이른 시기에 겪은 후 동화시키지 못한 불안들은 육체를 통해서 표현되거나 악몽으로 다시 모습을 드러낸다는 사실을 알 수 있다.

독립을 향하여

다음 단계는 독립으로 나아가는 단계이다. 갓난아기는 이제 어머니가 실제로 그 자리에 있지 않아도 혼자 지낼 수 있게 된다. '혼자 있는 능력'이 출현하는 것이다. 그것이 가능해진 이유는 아기가 돌봄을 받은 경험을 간직하고 환경을 더 신뢰하고, 그 경험들을 자기 안에 통합하고 저장하여 필요할 때 그 내적 이미지들을 꺼내 쓰기 때문이다. 그 외에도 아기는 지적으로 이해하는 능력이 생기고, 이후 보게 되듯이, 주변의 결함이나 빈틈을 메울 줄 알게 되고 결핍된 환경을 충분히 좋은 환경으로 바꿀 수 있게 된다.

위니캇은 어머니에 대한 아이의 의존과 우리가 공생관계라고 부르는 것 사이에는 아주 커다란 차이점이 존재한다는 것을 명확히 했다. '의존'이라 함은 아이의 자기를 '충분히 좋은 엄마'의 자기가 받쳐주고 있기 때문에 그 아기가 강하다는 말과 같다. 의존이 곧 힘의 원천이라는 점에서 위니캇이 제시하는 의존 개념은 역설적이다. 더 나아가 위니캇은 '통상적 이야기'(Conversations ordinaires)에서는 이렇게 썼다:

"어머니의 역할과 어머니에 대한 의존을 제대로 확실하게 인정하고 받아들이지 않으면 항상 의존에 대한 막연한 두려움이 존재할 것이다. 이 두려움은 여성 자체에 대한 두려움 또는 특정 여성에 대한 두려움으로 나타나며, 경우에 따라선 쉽게 인식할 수는 없지만, 지배에 대한 두려움이 항상 깔려 있는 형태로 나타날 것이다."[1]

이 세상에 자기가 속할 곳이 있다고 느끼고 사는 건강한 사람, 사는 것이 즐겁고 행복한 사람이라면 누구나 그가 갓난아기였을 때 그에게 온 정성을 바쳤던 한 여성—대부분의 경우 엄마—에게 무한한 빚을 지고 있다. 우리에게 있는 의존에 대한 두려움을 완화시키려면 그 여성의 역할과 공헌을 인정하고 받아들이는 것이 꼭 필요하다.

어머니가 남긴 흔적—무의식적인만큼이나 뿌리 깊게 생생한—은 아이들의 살과 정신에 조용히 새겨진다. 어머니 자신도 오직 일부만을 알고 있는 그녀의 여성성은 아이들에게 영원히 사라지지 않을 각인(sceau)을 남겨 놓는다. 위니캇은 이렇게 아주 기저에서 일어나는 전달과 계승이 그 이후 많은 남자들이 여성에 대해 가지는 두려움이나 종종 여성을 대상으로 행해지는 차별이나 핍박의 근원이 될 수 있을 거라고 추측을 했다.

---

1 D. W. Winnicott, Conversations ordinaires, Gallimard, 1988, p.139.

원초적 모성 몰두

원초적 모성 몰두는 절대적 의존기에 어머니가 처해 있는 특별한 상태를 가리킨다. 임신 말기에서 출산 후 몇 주 동안 어머니는 일종의 자폐 상태를 거친다. 자기 아이에게 완전히 정신을 빼앗긴 어머니는 한동안 외부 세계와 동떨어진 채 지내게 되는 것이다. 아기와의 동일시는 이렇게 감각이 극단적으로 예민한 상태에서 가장 잘 되기 때문에, 자기 아이에게 헌신적인 어머니는 누구나 이런 정신분열적인 상태를 거친 뒤 거기서 빠져나올 수 '있어야 한다'.

여성이라면—엄마가 되었든 아직 되지 않았든—누구나 이렇게 특수한 나르시시즘적 상태, 아기와 동일시하도록 이끄는 이 일시적인 "정상적인 병"에 걸리도록 생물학적으로 프로그램되어 있다. 게다가 어머니 또한 아기였을 때 같은 상태를 경험했으며 그 경험은 그녀의 무의식에 새겨져 흔적들로 남아있다. 아이를 낳는 순간 자신 또한 어머니로 '태어나는' 어머니는 그녀 개인의 삶에서, 더 나아가 그녀 이전의 훨씬 먼 세대로부터 시작해서 여성에게서 여성으로(또는 어머니에게서 어머니로) 대대로 이어진 역사의 흔적들과 조우하게 된다.

현재 삶의 사건 기록들은 그녀 안에 있는 시원적인 기록의 흔적들에 부딪히며 그것들을 깨운다. 다시 말해서 그녀는 무의식적으로 아기였던 시절의 그녀 개인의 경험들뿐만 아니라, 어머니의 어머니, 그 어머니의 어머니로부터 전해져 내려온 경험과 지혜를 통해서 어머니로서 그녀의 역할이 무엇인지를 배우게 되는 것이다.[1] "정상적인 엄마"라면—심한 신경증을 앓고 있는 것이 아닌 한—누구나 자신이 무엇을 해야 하는지를 아는 것도 바로 이러한 이유 때문이다. 이때 환경의 역할은 그녀대신 아는 것이 아니라 그녀를 지지해주고 도와주는 것이다.

여기서 한 가지 위험은 본인의 어머니—지금 아기의 할머니—가 어머니로서의 역할을 제대로 수행하지 못했는데 어머니가 무의식적으로 자기 개인의 경험을 다시 살려내어 이를 참고하려 할 때이다.

> 이것은 리즈의 이야기이다. 두 번째 아이를 출산한 리즈는 그녀의 어머니가 심한 우울증을 앓고 입원한 것과 같은 시기에 자책과 책망이 동반된 매우 심한 대상 기능 상실 상태에 빠졌다. 모든 사람들이 그녀를 아주 좋은 어머니라고 평가해주는 가운데 리즈는 역설적이게도 자기는 딸들에게 잘 해주지 못하는 무능력하고 나쁜 엄마라고 자신을 책망한다. 그때 그녀는—그녀가 닮을까봐 두려워하는—그녀의 어머니가 자신을 낳았을 때, 아기와 엄마가 '하나'인 시기에 같은 우울증이라는 이유로 입원했었다는 사실을 알게 된다. 그녀가 자기 자신에게 가했던 비판들은 사실 리즈가 매우 동일시하고 있는 그녀의 어머니에게 가하는 비판들이었던 것이다.

리즈가 아기였을 때 했던 경험은 당시 그녀의 미성숙한 정신구조에서는 감당할 수 있는 것이 아니었다. 그래서 그녀는 성인이 된 나이에 그녀가 낳은 아이와의 관계에서 다시 '하나'가 되었을 때 그녀의 내면에 있던 개인적인 이야기가 스스로를 표현하고 이번에는 제대로 의식에 새겨질 수 있도록 새로운 장소를 찾아서 등장한 것이다.

---

1 이렇게 위니캇은 순수한 여성의 국면이라는 가설을 세운다.

여성은 유전적으로 아이와 이렇게 절대적인 의존 상태를 겪을 수 있도록 태어난다. 새로운 손님(아기)이 왔을 때 그녀는 본인의 충동들을 다 잠재운다. 아기의 누나나 보모, 보육사들처럼 다른 여성이 자기 아이도 아닌 아이를 돌볼 수 있는 것도 어머니로부터 유전된 이러한 '능력' 덕분이다.[1]

그녀의 생의 약동(élan vital)은 아기에게 모든 관심을 집중시키며 바깥 세계와 떨어져 지냈던 어머니를 다시 바깥세상 쪽으로 떠민다. 그녀 개인의 발달, 어머니가 아닌 매력적인 여성으로서의 자기 자신을 되찾고 싶은 욕구가 그녀가 지금까지 아기와 함께 만들었던 고치에서 나와 다시 바깥세상을 향하게 만든다. 그녀의 배우자는 바로 이 시기에 큰 도움이 될 수 있다.

---

1 여기에서 말하는 돌봄은 더 넓은 의미에서의 돌봄이다. 여기에는 눈길이 교환되는 것과 말이 나누어지는 것을 포함하고 있기 때문이다.

제 3 장
충분히 좋은 엄마

정신분석가나 심리치료사 또는 그 외의 여러 대인관계 전문가들이 '좋은 엄마', '나쁜 엄마', '남근적 엄마' (mère phallique), '거세하는 엄마' (mère castratrice)와 같은 다양한 용어들을 쓰는 것을 볼 수 있다. 그런데 '충분히 좋은' (good enough) 엄마라는 표현은 이것들과는 매우 다르고 새로운 표현이다.

위니캇은 1950년에 와서 '좋은' 이라는 품질 형용사 앞에 '충분히' 라는 부사를 내세운다. 그가 이렇게 전혀 새로운 발상 또는 새로운 개념을 사용한 의도는 자신의 전문용어를 멜라니 클라인의 것과 구별하기 위해서였다.

클라인이 제시하고 사용하는 용어 중에는 좋은 엄마와 나쁜 엄마라는 것이 있다. 위니캇은 이 두 용어가 실제로는 내적 어머니, 환상 속의 어머니에 적용되는 것들로서 실제 어머니, 다시 말해서 아이에게 젖을 주는 어머니에게는 적용되지 않는다는 점을 강조했다.

위니캇은 내적 어머니라는 개념을 부정하지 않았다. 그는 다만 그가 대상으로 하는 것은 내적 어머니가 아니라, '아기를 가지고 있는 실제 엄마들', 일상생활을 영위하며 갓난아기를 돌보는 엄마들이라는 사실을 표명했다.

만약 위니캇이 어머니들을 완벽한 존재, 즉 멜라니 클라인이 말하는 '좋은 엄마'로 여긴다고 생각한다면 오산이다. 그는 '나쁜 엄마'가 그러하듯 '좋은 엄마' 또한 "내적 대상들로서 실제 여성들과는 아무 연관이 없다"[1]고 말한다.

위니캇의 어머니는 '보통 엄마'

충분히 좋은 엄마란 최선을 다해 헌신하는 엄마로서, 부족한 점도 있고 실수를 할 수도 있지만, 이를 개선하는 일 또한 가능한 엄마이다.

위니캇은 1952년 그의 동료였던 모니-컬(Money-Kyrle)에게 보낸 편지에서 실제로 자신의 생각을 명확하게 밝힌다.

"사실 내가 항상 '충분히 좋은' 엄마와 '충분히 좋지 않은' 엄마를 이야기하는 것도 우리가 실제 여성을 언급할 때 그녀가 할 수 있는 최선의 것은 충분히 좋은… (엄마)가 되는 것이란 사실을 잘 알고 있기 때문이지…"[2]

이 개념을 눈 여겨 보아야 하는 이유는 그것이 '충분히 좋은 엄마'라는 것을 아기와 엄마 두 사람 공동의 산물로 여기기 때문이다.

커가는 아이는 환경이 부족하면 부족한 대로 이를 이해하고 받아들이며, 자기에게 주어진 것만 가지고도 잘 지내는 것을 통

1 D. W. Winnicott, Lettres vives, Gallimard, 1989, lettre 26, p.73.
2 Ibid., p.73.

해서 충분히 좋은 엄마를 만드는 일에 일조한다.

여기에 위니캇이 새롭고 중요한 발상을 제시한다. 환경의 결핍 자체가 엄마-아이 사이의 관계에 내재된 당연한 요소라는 것이다. 그리고 더 나아가 그것이 아기의 성장과 내재된 잠재성이 발휘되는 데 꼭 필요한 요소로 여기는 것이다.

> 베로니크는 두 살 된 아들 카림을 남기고 죽었다. 그녀는 자신이 암에 걸렸다는 사실을 아이를 출산하면서 알게 되었다. 그러나 살고 싶다는 욕망과 아이를 사랑하는 마음이 강했던 그녀는 아이에게 잠재된 것들을 깨우는 데 열성을 다하였다. 아이에게 끊임없이 말을 하고 이야기를 들려주며, 아이가 말을 하고 남들과 대화를 하게끔 유도하였다. 그 외에도 필요할 때는 주변의 도움을 통해서 때로는 아이가 계속 돌봄을 받을 수 있도록 (돌봄의 계속성 유지) 함으로써 아이에게 기다릴 수 있는 능력, (대상이) 있다가도 없고, 없다가도 있는 상태(대상의 연속성)를 견딜 수 있는 능력을 길러주었다.

위와 같은 상황에서는 가족과 주변의 가까운 사람들의 역할이 매우 중요하다. 그들의 도움이 있어야 아이가 물리적으로, 정신적으로 안전하다고 느끼면서 자신의 현실에 적응하고, 분노와 슬픔, 욕망과 타협할 수 있기 때문이다.

오늘날의 카림은 발랄하고 마음을 잘 터놓으며 장난을 좋아하는 아이이다. 아마 그의 내면에는 생생하게 살아있는, 그를 사랑하는 어머니가 있을 것이다… 이렇듯 베로니크는 그녀에게 주어졌던 짧은 시간 동안 가능한 방법과 수단을 이용하여 충분히 좋은 엄마, 즉 아이의 자연스러운 발달 과정, 잠재된 발달 과정

너머 나아간, 충분히 상징적인 엄마였을 것이다.

이제 세 살이 된 카림은 가끔 혼자 앨범 사진을 펼쳐 놓고 그날 학교에서 있었던 일들을 "엄마에게 들려준다". 그의 내면에는 내적 엄마—실제 어머니의 카피(copy)같은 것—가 존재하기 때문에 그는 바깥세상에서 경험하는 일들을 구성할 수 있게 되었다. 너무나 큰 공백을 메우기 위해 그가 내놓은 해결책은 이제는 없는 사람을 떠올리는 능력, 그 사람을 상징화하는 능력을 기르는 것이었다.

카림이 이런 능력을 기를 수 있게 된 것은 어머니의 잦은 입원으로 그녀가 있고 없음을 반복해서 경험한 것도 있지만 무엇보다도 그녀가 그를 언어와 소통에 충분히 입문시켰기 때문이다.

이때 우리는 더 이상 이 세상에 없는 어머니와 그런 식으로 대화하는 카림을 보면서 유익한 환상의 영역이 존재한다고 가정할 수 있다. 그는 그곳에서 마법과 외부 세계의 현실—대상를 통제하는 것이 가능하지 않은 현실—을 조합할 수 있다. 카림을 그가 잃어버린 대상과 (내적으로) 연결시켜주는 요소들은 그 대상과 연결시켜주는 동시에 카림을 바깥 세계로 이끌어주었다.

그 요소들은 몸에 새겨진 것—어머니의 피부 감촉과 목소리, 그녀의 약 냄새, 병원 냄새에 대한 (무의지적) 기억—과 언어(langage)라는 두 개의 범주로 나눌 수 있다.

'충분히 좋은 것' 인지 아닌지에 대한 판단은 주관적인 기준을 따른다. 누군가에게 충분히 좋은 경험이었던 것도 다른 사람에게는 충분히 좋은 것이 아닐 수도 있다는 말이다.

충분히 좋은 어머니의 기능

그것은 다음과 같은 네 가지의 기능이다.

안아주기

안아주기란 아이가 어머니나 다른 양육자에게 안겨 있는 방식, 또는 그들이 아기를 받치고 있는 방식을 가리킨다. 어머니의 역할은 아이를 '물리적'으로 존속시킬 뿐 아니라 그를 '정신적'으로도 존속시키는 데에 있다.

위니캇은 특별히 어떤 식으로 안아주라고 추천하지 않는다. 충분히 좋은 엄마, 보통 엄마는 아이와 융합되어 있기 때문에 자신이 해야 할 일을 이미 잘 알고 있다. 이때 중요한 것은 어머니가 아이의 욕구를 자신의 것으로 대체하는 행위, 즉 마치 막스의 어머니가 그랬던 것처럼 아이가 아닌 자신의 욕구를 채우는 일을 하지 않는 것이다.

> 막스는 치료자가 지난 시간에 그의 손을 잡아준 것이 그에게 얼마나 중요한 일이었는지를 이야기했다: "어머니와는 이런 간단한 접촉 같은 건 상상할 수도 없었어요. 그녀는 항상 (손을) 자기 쪽으로 가져갔었죠." 이어서 그는 "한 번은 조카가 울고 있는데 어머니가 아이를 자기 엄마 품에서 채가서는 아이에게 "이리 온, 나는 너를 잘 이해하니까, 내가 위로해줄 게" 하면서 꼬옥 안더라고요…" 또 덧붙이기를: "어머니와 있으면 감정적이고 거대한 뭔가가 있는 것 같아요… 그냥 단순히 한 인간 옆에 다른 인간이 있는 그런 차원이 아니에요…"

안아주기는 아이의 기본적인 필요 중 하나이다. 이를 수행하는 역할을 맡은 사람은 어머니로서, 그것은 물리적인 위협으로부터 아기를 보호하는 것에서 시작해서 정신적인 위협 및 그 외의 모든 위협으로부터 보호하는 것으로 확대된다. 이러한 역할을 수행하는 어머니가 있기에 아기는 안전하다는 느낌을 경험할 수 있다.

자신을 안고 있는 품이 안전하다고 느끼는 아기는 그의 내면세계나 외부 세계에서 오는 정보들에 크게 반응하거나 경계 태세를 취하지 않고, 그것들을 받아들이면서 자신을 풍부하게 채울 수 있다…

두려워하는 어머니는 두려움을 퍼뜨리고, 애정 결핍이 있는, 분리를 못하는 어머니는 아이에게 그녀 자신의 결핍을 느끼게 하여 아이로 하여금 그것에 반응하도록 만든다.

이 '존속' 기능은 시간과 공간 개념의 통합과도 밀접하게 연결된다.

정신적인 존속은 아기의 자아 발달을 지지하는 데에 있다. 다시 말해서 어머니는 이제 막 태어난 아기의 자아를 보다 단순화되고 반복적인, 나아가 단조롭기까지 한 외부 현실과 대면시킨다. 이를 통해 아기의 자아는 참고할 수 있는 단순하고 고정된 좌표를 발견하여, 환경으로부터 쏟아지는 여러 정보들에 담긴 시공간적인 요소까지도 파악할 수 있게 된다.

아이에게 잠을 잔다는 것은 동적, 시각적인 통제를 잃는 것, 생각과 사고를 통제할 수 없게 되는 것으로 다가온다. 그래서 아이를 잠재울 때 사용하는 방법, 즉 잠자기 전에 들려주는 이야기—이야기의 작은 디테일 하나도 달라져서는 안 되는—같은 것들은 아이가 의식 상태에서 수면 상태로 넘어가는 과정, 즉 해체를 경험하는 과정을 잘 감당할 수 있도록 돕는 수단으로 볼 수 있다.

다루기

다루기는 아이가 만져지고 다루어지는 방법을 말한다.

갓 태어난 아기의 육체와 정신은 서로 연결되어 있지 않기 때문에 어머니의 다루기는 필수적인 측면이다. 아기는 자신이 느끼는 감각, 물리적인 필요—꼬르륵거리기, 소리지르기, 살갗 위로 느껴지는 오한 등—에 대한 응답을 환경이나 어머니로부터 받게 된다. 그래서 기저귀를 갈아주고, 먹여주고, 추울 때는 옷을 입혀주는 환경의 응답은 갓난아기의 몸과 정신을 하나로 연결해주고 그가 차츰 한 개인으로서 성장할 수 있도록 도와준다.

그런 이유로 우리는 아기들—과 어른—에게 행하는 마사지에는 분명 긍정적인 효력이 있다고 말할 수 있다.

위니캇은 어머니가 아이의 몸을 대하는 방법, 기저귀를 갈아주고 목욕을 시키며 옷을 갈아입히는 방법을 다루기라고 불렀다. 그 중에서 마사지는 특별한 기술로 문화에 따라서 다양한 형태를 취한다.

아프리카에서 아기를 마사지하는 것은 조상 대대로 전해져 내려오는 전통 방식이다. 사람들은 아기의 팔, 다리, 가슴, 횡경막, 등, 발… 등 몸의 대부분을 마사지한다. 아주 건조한 피부는 가볍게 닦은 뒤에 부드러운 아몬드 오일로 마사지하기도 한다. 아기와 엄마가 접촉하는 시간을 늘리는 이런 마사지에는 수많은 효능이 있다. 아이의 몸을 풀어주고, 차분하게 만들며, 유연함을 관리 유지시키고, 아기에게 그가 독특하며, 일관성이 있고, 조화로운 존재라는 느낌을 강화시킨다.

그렇게 마사지를 받은 아이는 이렇게 말할지도 모른다: "나는 내 몸 안에서 편안함을 느끼고 있고, 유연하고 힘이 있으며, 움직이고 뛰고 춤추는 것이 기쁘고 즐겁게 여겨진다."

대상 제공

이 기능은 아기가 엄마의 젖을 상상하고 이를 '발견하는' 순간 어머니가 이를 제공하는 기능을 가리킨다. (2장)

아기는 대상/젖(또는 젖병)이 제대로 된 방법으로 제공되지 않으면, 즉 그 대상이 침범하거나 유혹한다는 느낌과 함께 제공된다면, 아이가 음식을 거부하고 굶는 일이 발생할 수 있다. "싫다"고 하지 못했던 소미(Somi)[1]가 그런 경우인데, 그녀는 거식증에 걸리는 대신 (어떤 물질에) 중독되는 것을 선택했다.

경험이 쌓이면서 어머니는 '간격/틈'을 두게 되고, 아기는 물건이나 사람들과 '흥분시키는'(exciting) 관계를 맺어도 불안에 휩싸이지 않을 수 있게 된다. 그는 배고파서 울고 뒤척이고 안절부절해도—모든 육체적 행위동작은 자기(soi)를 이루는 것이기 때문에 결국 그에게 쾌락 경험을 제공한다—아기의 내면에는 이전의 만족스러웠던 경험에 대한 기억이 저장되어 있기 때문에 그는 계속해서 환경에 대한 신뢰를 유지할 수 있다.

좌절(挫折)이나 그를 해체할 만큼 너무 큰 흥분이나 자극을 통합하는 기능이 아직 발달하지 못한 아기에게 너무 큰 사랑이나 증오 같은 강한 정서(émotion)는 혼란을 줄 뿐이다. 너무 오랜 시간 (배고파서) 소리를 지른 아기에게 뒤늦게 젖병을 물려주어도 아이의 내면 상태는 혼란 상태이거나 자신이 하나의 단위라는 단일감을 잃은 상태일 수 있다.

---

1 이와 연관된 사례로 제2장의 22쪽을 참고하시오.

좌절의 문제와 어머니가 그것을 다루는 방식은 그래서 매우 중요하다. 그것을 통해 어머니는 아이에게 단계적으로—입문시키는 식으로 작은 갈등부터 도입하면서—현실과 환상의 차이를 인식할 수 있도록 가르친다. 그러나 아이가 견딜 수 있는 것보다 더 많은 시간을 들인다면, 즉 아이가 자기 안에 좋은 대상의 이미지를 더 이상 유지할 수 없을 때까지 기다리게 한다면, 대상이나 물건을 다시 제공했을 때 아기는 그것을 거부할 수 있다.

충분히 좋은 엄마는 아기의 전능감과 부딪히지 않은 방법을 사용한다. 아기는 전능감에서 시작해서 점진적으로 자신의 전능감을 포기하는 것을 배운다. 충분히 좋은 환경이란 견고하게 안아주는(holding) 일종의 울타리와 적절한 돌봄 두 가지를 결합시킨다.

아이에게 바깥세상을 소개하고 거기에 입문시키는 이 기능은 예술 행위에 가깝다. 또한 의존의 시기를 넘어 성인기에서도 여전히 유효하게 적용된다.

소망적 환상, 명명

처음에 아이는 그의 엄마와 함께 말하고 소통하는 법을 배운다. 앞에서 소개했던 카림과 그의 어머니 베로니크가 아주 좋은 예이다.

보통 엄마는 자신의 아기를 언어, 말, 소통에 입문시킨다. 그녀는 뱃속 태아의 모든 움직임에 의미를 부여했던 것처럼, 아이가 태어난 다음에는 그의 모든 옹알이, 울음, 소리, 미소, 동작에 의미를 부여한다.

프랑신(Francine)과 브리지트(Brigitte)는 생후 6개월 된 쌍

> 둥이 자매이다. 브리지트는 방금 마신 우유를 다시 내뱉는 프랑신의 행동을 그대로 따라한다. 이것을 본 어머니는 "너는 언니를 똑같이 따라하네!"하고 외친다. 그런 식으로 그녀는 아기의 행동에 어떤 의미를 부여한다.

일반적으로 어머니는 자신을 아이가 내는 소리나 장난의 수취인으로 생각한다. 그것을 통해서 아이는 자신이 내는 모든 음성적 표현을 하나의 메시지로 인식하게 되어 어머니와 주고받으면서 나중에 자신을 그 메시지의 원천으로 인식하게 된다. ... 어머니의 임무는 아이를 언어와 관계에 입문시키는 것이다.

어머니가 가진 소망적 환상의 능력은 아이의 모든 동작, 언어적 산물에 어떤 의미를 가진 메시지로서의 가치를 부여한다.

위니캇은 모성적 몰두라는 유익한 병에 걸리는 것을 가능하게 만드는 데 꼭 필요한 어머니의 '정신병'에 대해서 언급한다(용어 설명을 참고하시오). 생의 최초의 시기라는 이 특별한 기간 동안, 어머니는 아기와 융합된 상태에 있으면서 소리 덩어리에 불과한 아기의 음성적 표현에 이런 또는 저런 의미를 부여하는 것이다.

충분히 좋은 엄마는 그런 식으로 여러 차례 아기의 "온갖 손짓, 몸짓, 울음소리, 옹알이 등"에 의미를 부여한다. 어머니의 이런 태도는 아기가 주체로서 형성되는 것을 가능하게 한다.

충분히 좋은 엄마는 선도자이자 기초 교습자이다. 라캉은 위니캇도 찬성했음직한 다음과 같은 말을 했다: 말이란 것은 그 말을 믿는 상대방이 있어야만 성립된다.

주변의 인물과 사물에 이름을 붙이는 어머니는 무엇보다도 먼저 아이에게 이름을 붙이고 그에게 정체성을 부여한다 "우리 피에르. ... 할아버지를 참 많이 닮았구나!" 정체성은 외부에서 부여되는데, 사람들이 처음 대하는 정체성 부여자는 어머니이다.

어머니는 아이를 부르고, 아이는 자신을 부르는 어머니의 음조(音調)와 자신의 이름을 동시에 저장한다. 또한 그는 어머니조차 인식하지 못하는 (가족의 과거 이야기들과 관련된) 판단이나 평가, 욕망, 동일시 등을 저장하기도 한다. 가족 집단 내에서 쉬쉬하는 이야기들, 메시지들은 겉으로 직접 드러나지 않고 다른 말들 속에 숨어 있다가 의외의 사건(가족 구성원 중 한 명의 너무 의외의 결정, 선택 등)이 터질 때 비로소 그 존재를 드러낸다.

따라서 우리의 이름은 먼저 어머니의 목소리, 그 다음에 아버지 그리고 우리의 환경을 구성하는 인물들의 목소리와 결코 뗄 수 없이 연결되어 있다.

그리고 그것은 명명(命名)과 긴밀하게 연결되어 있는 우리의 정체성에도 똑같이 적용된다.

충분히 좋은 엄마의 특성

충분히 좋은 엄마의 대표적인 특성은 연속성, 신뢰성, 점진적 적응 등이다.

연속성

인간적인 환경과 비인간적인 환경의 연속성(보살핌, 말, 지지하기 등)은 개인의 인격의 통합에 꼭 필요한 요소이다. 어머니는 아이를 위해 생기 있는 상태를 유지해야 하며, 아이가 그것을 보고 느낄 수 있게 해야 한다는 사실을 잘 알고 있다. 아이와의 관계에서 어머니의 중요한 자질 두 가지는 아이의 식인적인

(cannibalique) 사랑과 공격성을 견뎌내고 또 그것으로부터 살아남는 것이다. 아이가 나중에 현실에 잘 적응할 수 있기 위해서는 그에게 잠재된 능력들을 깨워야 한다는 사실을 잘 알았던 베로니크는 그래서 최선을 다해서 끝까지 버텼다.

격리나 너무 긴 부재 또는 너무 뜨겁게 데운 젖병, 피부를 할퀴는 바늘 등은 아이가 느끼는 어머니의 보살핌의 연속성에 단절을 가져올 수 있다. 놀란 아기는 짧거나 비교적 긴 시간 동안 철수한 상태에 머물 수 있다. 충분히 좋은 엄마는 그때 끊어진 아이와의 연결을 다시 회복할 수 있는 적절한 말이나 행동, 위로하는 손길 등을 아이에게 준다.

어머니가 우울 삽화를 겪어 눈빛이 죽고 아이와 더 이상 소통하지 않게 될 경우 심각한 결과로 이어질 수 있다. 그때 아이는 좌표를 잃고 길을 잃게 된다. 그 상황에 대한 설명을 듣지 못하거나, 그 실패를 이해할 수 있는 능력을 통해서 그 경험을 통합하지 못하거나, 지적인 이해를 통해서 초기의 상태를 복구하여 어머니의 생기 있고 애정 어린 눈빛을 되찾지 못하면, 아이는 어머니가 바뀌었다는 느낌을 가지게 된다. 그래서 그는 어머니를 소생시키려는 것처럼 안절부절하지 못하고, 소란스럽게 행동할 수 있다.

> "우리 엄마가 바뀌어졌어요!" 라고 어린 조지(Josy)는 외친다. 그녀에게는 아마 어머니의 실패를 인식하고 그 경험을 통합하는 능력이 없어서 그녀는 어머니를 알아보지 못하고 자신을 돌보는 사람을 '다른 사람' 이라고 말했을 것이다.

그럴 경우 어머니는 아이의 신뢰를 회복하기 위해서 더 많은 노력을 해야만 한다.

비인간적인 환경 역시 '충분히 좋은 엄마' 콤플렉스에 포함시켜야 할 만큼 큰 중요성을 가진다. 그 예로 애완동물이나 집을 들 수 있다. 장소나 공간의 변화, 이사 등을 받아들이지 못하는 아이나 성인들도 꽤 많다. ... 상대적 의존기에 있는 아이의 경우 너무 극단적인 실내장식의 변화조차 그의 존재의 연속성에 단절을 가져올 수 있는 사건이 된다.

경계선장애 환자들 중에는 방학이 끝난 뒤 다시 분석가를 찾아왔을 때 사무실 벽의 색깔이 변했거나 분석가의 머리 모양의 변화를 견디지 못하는 경우도 있다! 그들은 조지처럼 "우리 분석가가 바뀌었어요!" 하고 외치며 불안에 휩싸일 수 있다.

삶은 곧 변화이다. 충분히 좋은 엄마는 아이가 가진 안전하다는 느낌과 신뢰를 보존하기 위해서 변화를 주어도 되는 것과 변화를 주어서는 안 되는 것은 물론 변화의 정도까지 파악하고 조정할 줄 안다.

자리를 너무 오래 비우는 엄마는 (병든 어머니 또한 마찬가지로) 불안에서 야기된 공격성이 투사되어 나쁜 엄마가 된다. 어머니가 자리를 비우는 시간은 아이가 그의 내면에서 살아있는 친근한 어머니의 표상을 유지할 수 있는 시간과 능력을 넘어서면 안 된다. 그렇지 않으면 박탈 아동들에게서 볼 수 있는 것처럼, 반사회적 경향성이 나타난다.

박탈은 단순한 상실이 아니다. 그것은 절대 박탈과도 다른 것이다.

박탈은 아기가 자기 주변에 대한 의식을 가지기 시작한 다음에 일어난다. 어느 순간까지 아기가 긍정적으로 경험했던 어떤 것이 너무 일찍 또는 급작스럽게 사라져 버리는 것이다.

우리가 기억해야 하는 것은 여기서 잃어버린 것은 내적 대상이라는 사실이다. 내적 대상의 상실은 절망을 낳는다. 이 상실 앞에서 그 어떤 외적 대상도 아이를 위로할 수 없으며 그는 더 이상 놀거나 어떤 것에 관심을 가질 수 없게 된다.

> 마린(Marine)은 어머니가 없을 때면 계단에 주저앉아 하염없이 울던 자신의 모습을 떠올린다. 그녀의 기억에 특히 더 남는 것은 그럴 때 어머니가 돌아와도 그것이 그녀에게 전혀 위로가 되지 않았다는 사실이다. 아마 그녀는 어머니가 돌아왔다는 사실을 실감하고 있지 못했던 것이다. 다시 말해서 어머니가 있고 없고가 교대로 일어나는 사실은 그 경험을 통합시키지 못했다는 것을 의미한다. 내적 대상과 외적 대상 사이의 해리(dissociation)가 일어나서 외적 대상, 즉 실제 엄마가 되돌아와도 그것이 내적 대상을 상실한 것에서 초래된 경험을 달래지 못했다는 것을 의미한다. 그것을 실감하는 데는 시간이 더 필요했던 것이다.

신뢰성

신뢰할 수 있는 엄마는 안정적이고 예측 가능한 엄마이다. 그런 엄마는 아이의 자아가 적절히 잘 발달하도록 돕는다.

또한 신뢰할 수 있는 엄마는 아이의 충동을 만족시켜준다. 그런 엄마에게는 아이의 충동이 올바로 나아가는 길을 찾을 수 있는 경험이 이미 있는 것이다.

신뢰할 수 있는 엄마의 보호하는 자아는 이드가 흥분해서 무의식에서 나오는 것들을 압도할 때도 작용한다. 무의식에서 나오는 것들이 고갈될 때, 모든 것은 마치 "내면에 있는 호랑이와

사자" 때문에 온 세상이 먹히게 되는 순간을 맞이하게 되지만, 충분히 좋은 엄마는 아이가 그의 충동을 억압하지 않으면서, 그것을 분화시키고, 적절히 충족될 수 있도록 해준다. 그렇게 될 때 아이는 매우 좋은 "양육"의 경험을 할 수 있게 된다. 아이는 아주 잘 먹고 잘 지내게 된다.

충분히 좋은 엄마는—책을 굳이 읽지 않더라도—아이가 쾌락원리에서 벗어나 현실원리를 적용할 수 있게 되는 과정에서 쓸데없이 다치지 않으려면 어느 정도의 단호함이 필요하다는 사실을 잘 안다. 확실한 울타리, 친절한 만큼 단단하기도 한 울타리가 아이가 자신의 충동[1]을 표출하고, 창조성을 표현하며, 계속해서 생기는 새로운 문제들을 풀 수 있는 지적인 능력을 키우는 데 좋다는 사실을 잘 안다. 신뢰할 수 있는 엄마의 역할은 단조롭게 느껴질 정도로 몇 번이고 같은 행동, 같은 말을 반복하고 또 반복해서 아기가 그에게 도움이 되는 풍부하고 다양한 본능적 경험을 할 수 있도록 하는 것이다.

엄마가 세상을 혼란스러운 것으로 소개하면 아이가 (자기 내면에) 만드는 세상은 혼란스러운 것이 된다. 충분히 좋은 엄마는 세상을 단순하게 보여주는 엄마다.

신뢰할 수 있는 엄마는 아기에게 그를 돌보고 그에게 젖을 주는 것이 자신에게 얼마나 큰 기쁨인지를 전달한다. 그러나 그것이 전달되지 않으면 아기가 음식을 거부하는 일이 생길 수 있다. 신뢰할 수 있는 엄마는 아이에게 그가 세상에서 가장 멋진 아기라는 느낌을 준다. 아기가 자신에 대해 가지는 첫 번째 이미지는 엄마의 눈빛을 통해 비치는 자신의 이미지이다. 그래서 어

---

1 위니캇은 충동에 대해서 다음과 같이 말하였다: "충동은 어린아이나 어른의 삶에서 생겨나고 사라지는 강한 생물학적 분출 또는 행동으로까지 이어지는 분출을 일컫는다. D. W. Winnicott, La nature humaine, Gallimard, 1990, p. 57.

머니가 우울하기라도 한다면, 또 그녀의 얼굴이 굳어 있고 딱딱하고 방어적인 것만 보여 준다면, 그 거울은 아기에게 아무것도 비추어주지 않는 고장난 거울과 같다. 거울이 그에게 아무것도 비추어주지 않기 때문에 아기의 상상력은 위축된다. 그리고 그는 "자신의 정체성의 핵을 형성하는 데 필요한 응답을 해주는 환경"을 구하기 위하여 두리번거리고, 소리를 지르고, 부르고 하는 등의 여러 가지 행동을 취한다.

이렇듯 아이는 충분히 좋은 엄마와의 경험을 통해서 자신이 유일무이한 존재라는 느낌을 얻게 된다.

그러나 모든 어머니들은 어느 순간 자신이 피곤한 것에 아랑곳하지 않고 제대로 숨을 돌릴 새도 주지 않는 무정한 아이에게 미운 감정을 느끼고 증오의 감정을 느낄 수 있다. 뛰어난 관찰자였던 위니캇은 이것을 시각적인 이미지로 표현하였는데, 그는 아이가 어머니에게 느끼는 감정은 "식량 창고에게 느끼는 애착 같은 것으로서, 자기가 필요한 것을 얻고 나면 다 먹은 오렌지 껍질처럼 버리는 것과 같은 그런 애정"[1]이라고 표현했다.

신뢰할 수 있는 어머니는—애정의 바탕 위에서—아기를 향해서 때때로 미워하는 감정을 가지지만, 아기가 그것에 영향을 받지 않도록 하면서 아기를 받아들이고 통합하는 능력을 가진 어머니이다. 신뢰할 수 있는 어머니는 아기에게 자신이 느끼는 미운 감정을 표출하지 않을 수 있다.

"어머니의 가장 뛰어난 면은 아이에게 그토록 가혹한 취급을 당하면서도, 그를 그토록 미워하면서도 그에게 (분노를) 퍼붓지를 않고, 그로부터 올지 안 올지 모르는 보상을 전혀 기대하지 않는 면이다."[1]

위니캇은 증오에도 그 나름의 가치가 있다고 생각하였다.

---

1 D. W. Winnicott, De la pediatrie à la psychanalyse, Payot, 1969, p. 80.

"내 생각에는, 발달 중에 있는 아기의 환경이 한없이 감상적이기만 하다면, 아기는 자기 안에 있는 분노의 감정을 전부 허용하고 받아들일 수 있을 것이라고 생각하지 않는다. 증오에는 증오가 필요한 법이다."[2]

이러한 위니캇의 주장은 비교적 급진적이라고 할 수 있다. 아이의 분노에 어머니가 감상적으로 대응하면—예를 들어서 "우리 불쌍한 애기, 피곤해서 이렇게 성을 내는구나…" 와 같은 대응—그 분노는 그에게 너무나 무거운 짐이 되어 버린다. 이는 아기가 단단한 바닥에 닿아야 할 때 그를 그대로 추락하게 내버려 두는 것과 같다. 위니캇은 증오나 분노의 감정을 부정하는 어머니의 감상성이나 태도는 아이 입장에서는 아무런 가치도 없기 때문에 그것을 해로운 것으로 여겼다. 충분히 좋은 엄마는 물결 없이 잔잔한 강물같은 거울이 아니라 아주 생생하게 살아있는 거울이다. 아기는 바로 이 거울을 바탕으로 자신의 자아(moi)와 '나'(je)를 형성한다.

"창조적인 눈으로 세상을 보고, 바라보려면 그 개인에게는 먼저 '보여진' 경험이 내재되어 있어야 한다."[3]

신뢰할 수 있는 엄마는 자신이 '실패' 했을 때 아이가 그녀를 되찾기 위해서는 퇴행한 다음 조금 시간이 필요하다는 것을 잘 알기 때문에 아이를 귀여워해준다. "기계의 완벽함과 인간의 사랑"의 가장 큰 차이점을 구성하는 것은 어머니가 아이를 돌볼 때 종종 (상대적으로) 실패하고, 그때마다 이를 바로잡으려는 노

1 Ibid., p. 81.
2 Ibid., p. 81.
3 D. W. Winnicott, Jeu et Réalité, Gallimard, 1975, p.153-8.

력을 하고 보살피는 경험의 연속에 있다. 그것을 통해서 아이는 남들과 소통할 수 있게 되고, 안전하다는 느낌을 가질 수 있게 된다.

어머니는 끊임없이 변화하고 증가하는 아이의 욕구에 점진적으로 적응할 수 있어야 한다.

어머니가 단계적으로 아이에게 맞추는 것을 감소시키는 행위는—필요할 때는 바로 완벽한 적응을 보이기도 하지만—아이가 의존적인 태도에서 점차 독립적인 태도를 가지고 전능 환상에서 나오며, 외부 현실이 존재한다는 사실을 믿고 받아들일 수 있게 해준다.

만약 이러한 적응에 문제가 생기면, 아기는 그것을 침범으로 느끼고 그것에 반발하게 된다. 그때 아이는 자발성을 지닌 존재로 자라지 못하고, 그 침범에 반발을 하면서, 작용과 반작용을 할 수밖에 없게 된다.

충분히 좋지 않은 엄마

'충분히 좋지 않은 엄마'는 아기가 아무리 노력을 해도—그리고 이를 굉장히 애석해 하면서도—적응하는 것이 불가능한 엄마이다.

충분히 좋지 않은 엄마는 '조각난 엄마'로서 그녀의 얼굴에서 아기가 일관성이나 신뢰할 수 있는 연속성 같은 것을 찾을 수 없는, 다수의 얼굴을 보여주는 엄마이다. 또한 연속해서 아기를 돌보는 다양한 사람들을 가리키기도 한다.

> 샤를린의 어머니는 샤를린이 두 살 반일 때 우울증에 걸려 2년 동안 입원과 퇴원을 반복하게 되었다. 어머니가 입원할 때마다 샤를린의 외가에서는 그녀가 태어나기 전 이미 떠났던 아버지대신 그녀를 돌보게 되었다. 샤를린은 처음에는 차갑고 권위적인 이모에게 맡겨졌지만 이모는 다시 그녀를 자기 부모에게 맡겼다. 손녀를 맡게 된 조부모님들은 기뻐하며, 그녀가 정원에서 뛰노는 것을 보면서 즐거워하였지만 나이 때문에 쉽게 지치곤 하였다… 그래서 그녀는 다시 부드럽고 밝은 성격의 다른 이모에게 맡겨지게 되었다. 그녀는 어디를 가나 샤를린을 데리고 다니고, 아이에게 끊임없이 말을 하곤 하였다.

이렇게 샤를린은 어머니의 돌봄의 연속성의 단절—어머니의 입퇴원으로 인해—과 그녀를 돌보는 어른의 비연속성을 동시에 경험하게 되었다. 샤를린은 차갑고, 거리감 있는 이모와 자애로운 조부모 및 분리를 못하고 수다스러운 이모 사이에서 양육되었던 것이다.

충분히 좋지 않은 엄마는 아이를 우상화하는 어머니로서, 아이와 함께 자기애적인 상자에 갇히는 어머니이다. 그곳에 갇힌 아기는 거기서 나와서 세상과 자신의 존재를 발견하고, 자기에게 잠재된 능력들을 꽃피울 수 있는 기회를 놓친다. 충분히 좋지 않은 엄마는 아이가 성장하고 자랄 수 있도록 그를 자신과 분리하도록 돕지 못하는 어머니다. 그렇게 함으로써 그녀는 아이가 어머니와 헤어져서 독립적으로 되기 위해 필요로 하는 중간 영역의 형성을 방해한다. 마수드 칸(Masud Khan)[1]은 자신이 진료하는 성도착 환자들 중에, 인생 초기에 그런 경험을 한 이들이 있는 것을 관찰하였다. 살면서 중간 영역, 중간 대상—어릴 때 꼭

끼고 자는 인형 같은—놀이 활동을 가지지 못했던 그들은 성인이 된 다음 파트너에게 그 역할을 맡겼던 것이다.

충분히 좋지 않은 엄마는 정신질환을 앓는 어머니이기도 하다. 그녀는 아기를 처음에는 돌볼 수 있지만, 아기가 보다 독립적으로 행동할 준비를 갖추는 순간 아이가 그녀와 떨어져야 할 필요를 느끼고 분리 신호를 보낼 때 이를 알아채지 못하는 엄마이다.

충분히 좋지 않은 엄마는 다음과 엄마이기도 하다.

- 모성 몰두가 불가능한 어머니

- 모든 형태의 '끊기'(젖떼기, 금연, 금주, 금식 등)를 거부하는 어머니

- 방치하고, 적응했다가 말았다가를 반복하여 불안하게 만드는 어머니를 가리킨다. 이런 어머니 밑에서 아이는 어느 장단에 맞춰야 하는지, 그녀의 예측 불가능한 행동에 어떻게 대응해야 하는지를 알 수 없기에 혼란에 빠진다. 그때 아기는 그저 어머니의 얼굴에 집중하면서 그가 알아볼 수 있는 신호가 등장하기만을 기다리게 된다.

그런 어머니는 아이들에게 정상적인 애착관계를 맺게 하지 못한다. 그녀는 아이의 욕망대신 자신의 욕망을 앞세우기 때문이다. 어머니의 그러한 행동은 아기에게 있는 잠재된 능력, 창조적인 능력을 방해하여 그에게 거세를 당하는 것보다 더 해로운 영향력을 미친다. 그 결과 아기는 수동적이 되어서 자율적으로 행동할 수 없게 된다.

또한 충분히 좋지 않은 엄마는 유혹하는 어머니, 즉 아이를 혼란에 빠뜨리는 어머니다.

그러므로 '충분히 좋은'이라는 개념은 '전부', '의존', '혼합'을 포기하는 것과 연관지어서 생각해야 할 개념이다. 또한 그 개

---

1 마수드 칸은 저명한 위니캇학파 정신분석가이다.

념은 어머니와 부모, 가족, 분석가, 강연, 일, 음식 등 여러 분야에도 적용할 수 있는 개념이다.

이 '충분히 좋은' 이라는 개념은 만족의 문제에 대해 생각하게 만든다. 만족이란 본질적으로 절대 완전하지 않고 언제나 부분적인 것으로서, 완벽한 만족감이란 존재하지 않는다. '충분히 좋은' 은 또한 주체가 세상에 적응하고 그 세상을 창조하고 바꾸는 능력, 즉 세상을 더 아름답고 상냥하고 좋은 것으로 바꾸는 능력과 연관지을 수 있다.

이 '충분히 좋은' 은 대상의 너머에 있는 신기루, 욕망과 고통의 원천인 신기루를 생각하게 만들기도 한다. 충분히 좋은 대상은 주체와 '큰 사물(la Chose)' 사이에 있는, 이름 붙일 수 없고 위험하고 아득하며 채우는 것이 불가능한 구멍, 즉 어머니의 영속적이고 불변하며 항구적이고 닿을 수 없는 것을 메우는 존재이다. '충분히 좋은' 대상은 우울증에 걸린 이가 알지 못하고, 창조/발견할 수 없는 대상이다.

이 '충분히 좋은' 은 또한 삶을 바라보는 어떤 특별한 시각을 떠올리게 만든다. 삶이 내게 무엇을 줄 수 있는지를 묻고, 그 대답이 "전부"가 아니더라도 이를 받아들일 수 있게 하며, 이는 모든 사람에게 적용된다는 사실을 알게 해준다. 그러나 동시에, 나는 내게 주어진 것들을 바꾸고 재창조하여, 그것들을 좋은 것, 살아있는 것, 기쁨과 에너지의 원천으로 만들 수가 있다.

제4장
위니캇의 위대한 발견: 중간 영역

위니캇의 가장 큰 발견으로 볼 수 있는 것은 그가 인간의 본성을 각 개인들 사이에서 상호작용이 일어나는 외부 현실과 내적 현실이라는 두 가지 현실에만 의거하여 정의할 수 없는 것으로 본 것이다.

우리는 모든 사람들이 공유하고 있는 현실 공간과 주관적인 현실 공간 사이에 또 다른 제3의 공간이 존재하고 있다고 생각할 필요가 있다. 그 공간은 중간 공간이자 아이가 여러 가지 경험을 할 수 있는 공간이고 어른에게는 문화의 공간이다.

중간 영역은 꿈과 현실의 세계가 서로 포개지고, 겹쳐지며, 서로의 세계를 살찌우는 곳이다. 현실 세계에서 아이의 주변에 있는 모든 물건들은 그의 상상의 도구가 될 수 있다. 테이블보를 깔아놓은 식탁은 집이 되고, 냄비와 나무 수저는 북과 북을 치는 채가 될 수 있다.

중간 영역은 쾌락 원리에서 현실 원리로 넘어가는 과정이 이루어지는 장소이기도 하다. 나뭇가지에 달린 새빨간 버찌에 매료되어 있는 아이의 모습을 상상해 보자. 그 버찌를 따기에 그는 너무 작다. 그 버찌에 닿기 위해서 그가 취할 수 있는 행동에는 어떤 것들이 있을까? 할아버지의 긴 지팡이를 들고 의자 위에 올라서서 그 나뭇가지를 자기 쪽을 끌어당긴다면 그는 자신을 유혹했던 그 과일을 딸 수 있을 것이다. 그는 버찌를 따는 방법을 찾은 것이다.

또 다른 상황을 가정해보자. 어머니가 아기의 이유식에 이제 녹색 야채를 추가하려고 한다. 변화를 싫어하는 대부분의 아기들은 이때 거부하고 저항하는 태도를 취한다. 그런 까닭에 그녀는 아기에게 익숙하고, 아기가 좋아하는 음식에 녹색 야채를 조금씩 단계적으로 추가한다. 그리고 그 음식을 먹일 때 노래를 불러주기도 한다. 그런 식으로 음식을 먹게 되는 아이는 그 녹색 음식을 자기 몸 안에 집어넣으면서 어머니의 목소리도 같이 흡수한다. 그렇게 하면서 아기는 어머니와 함께 여러 가지 음식들을 접하게 된다.

충분히 좋은 엄마가 없고, 그런 엄마의 보살핌이 없다면, 아이는 주관성의 세계에서 객관성의 세계로 넘어오지 못한다. 어머니는 아이가 살아가는 동안 마주하게 될 여러 가지 변화—음식, 리듬, 활동, 장소—에 잘 적응할 수 있도록 그를 돕고, 그가 유아기 시절에 가지고 있던 전능의 환상에서 단계적으로 빠져 나올 수 있도록 인도한다.

위니캇은 중간 공간이 형성되는 조건을 결정짓는 것은 인간에게 있는 원시적 직관, 즉 최초의 모성적 환경에 대한 신뢰와 연속성에 대한 신뢰라고 주장한다. 어머니 이외에 대상에 대한 관심, 호기심, 놀이와 상상력의 발휘 같은 것은 아기 안에 그가 온갖 '실험'을 펼칠 수 있는 중간 공간이 존재하고 있음을 육안으로 식별할 수 있게 해주는 외적 물증에 해당된다. 그리고 그 공간의 존재는 아기의 육체적, 정신적 건강을 위해서 꼭 필요한 요소이다.

위니캇은 아기의 개념 체계 구성을 가능하게 하는 중간 공간의 존재를 정신분석가들이 인식하지 못했으며, 그런 이유 때문에 그들에게는 아기의 사고와 이해를 도울 수 있는 도구들이 부족했다고 지적한다. 그는 중간 현상에 대한 그의 주장이 맞다면 그것의 존재를 철학자, 예술가, 시인들이 이미 언급했을 것이라고 말했는데 실제로 그런 언급을 쉽게 찾아볼 수 있다.

상상 세계와 현실 세계 사이의 중간 영역

중간 영역은 아이에게 제공된 공간이다. 원초적 창조성과 객관적 지각(perception) 사이에 위치하며, 그 근간을 이루는 것은 현실 원리와의 조우이다. 중간 영역은 우리 삶에 이미 내재되어 있는 것으로서, 그것을 원초적이라고 하는 이유도 바로 그 때문이다. 이 공간이 자리 잡기 시작하는 시기는 상대적 의존의 시기이다.

이 공간은 어머니와 아기 사이에 위치한 중간 공간으로서 그 안에서 아기는 이 세상에 두 개의 현실만 존재하는 것이 아님을 깨닫는다. 그 두 개 현실은 대상이 갑자기 사라지기도 하는 외적 현실과 모든 환상이 가능하고, 실현되는 내적 현실을 가리킨다.

타자와의 관계를 중심으로 이 공간을 살펴본다면 그곳은 길들임의 공간이다. 위니캇은 27개월 된 피글(Piggle)과 처음 만나게 되었을 때 그와 그녀 사이에 어떤 신뢰의 공간을 마련하였다. 그에 대해 그가 쓴 기록을 살펴보자.

"그때 나는 이미 그녀의 커다란 곰 인형의 친구가 되었다. …

나는 피글에게 '네 곰 친구를 데려와 봐, 걔한테 장난감 좀 보여주고 싶어.' 그녀는 곧바로 곰 인형을 데리고 내게 왔다. … "[1]

위니캇이 처음에 상대했던 것은 곰 인형이다. 두 개의 현실 세계 사이에 위치하면서 이 둘을 이어 주는 인형을 상대한 것이다. 그 과정에서 피글은 융합을 의미하는 하나 상태에서 소통을 의미하는, 함께 있는 상태로 넘어간다. 연속성(절대적 의존) 모드에서 인접성(contiguite, 상대적 의존) 모드로 넘어간다는 말이다. 다시 말해서 곰 인형은 위니캇과 피글을 이어주는 동시에 분리하는 중개자이자 제삼자의 역할을 하며, 아이와 어른은 서로 융합된 상태로 있는 것이 아니라 상호 교류가 이루어지는 관계가 되었다는 의미이다.

놀이의 중요성

아이가 현실 세계로 넘어오는 과정을 도우면서 위니캇은 스스로 자기 자신을 놀이 영역, 즉 중간 영역에 배치했다는 사실에 유의하자. 그는 그렇게 하는 것이 치료사로서 취할 수 있는 가장 좋은 태도라고 생각하였다.

그는 『그림놀이를 통한 어린이 심리치료』에서 이와 관련된 많은 사례들을 예로 들었다. 상담자와 내담자인 아이 또는 성인 사이에서 이루어지는 교류의 목적은 그 사람의 올바른 발달을 방해한 상황의 정확한 본질이 드러나는 '결정적인 순간', 즉 '신성한 순간'[1]에 도달하는 것이다.

1 D. W. Winnicott, La consultation thérapeutique et l' enfant, Gallimard, 1971. 마수드 칸은 이 책의 서문에서 위니캇이 '성스러운 순간'이라고 칭한 순간은 그 속에서 치료자와 아이가 정동적이고, 정신적인 상황의 본성을 갑자기 의식하게 되는 진료의 순간이라고 설명하였다. 그때 아이의 발달을 저해하던 상황이 사라지고, 인격이 활짝 꽃피우게 된다.

인간의 정신적 삶에는 역설 천지이다. 우리는 어린아이인 동시에 어른일 수 있다. 예순일곱 살의 위니캇도 피글과 함께 있을 때는 어린아이였다. 또한 이곳에 있으면서 동시에 저곳에 있는 것도 가능하다. 어떤 행위에 완전히 몰두하고 있는 성인은—노래를 부르거나, 수업을 하거나, 무대 위에 있거나—그 행위를 하는 동안에도 시간이 흐르고 있다는 사실을 잊지 않으며, 그를 둘러싼 외부 현실의 존재 여부를 잊지 않는다.

박수를 치면서 "신난다. 나 당뇨병에 걸렸다" 하고 들어오는 뽈(Paul)에게도 이 역설을 적용할 수 있다. 그런 상황에 더 적합했을 속상한 감정은 '역설적인' 기쁨의 표현으로 바뀌어 듣는 사람을 놀라게 한다.

환상: 변환시키는 능력

여기서 말하는 환상은 본래부터 그 자리에 있던 대상을 발견하게 된 아이가 그 대상을 자신의 창조물로 여기는 최초의 믿음이다. 우리가 아무리 그 대상은 아이를 세심하게 돌보는 환경이 그 순간, 그 장소에 놓아둔 것이라고 주장해도 아기의 입장에서 그 대상은 그가 마법을 사용해서 창조해낸 산물이다.

"제일 첫 번째 대상은 '창조된/발견된 대상' 이다."

아이의 발달은 환상이 와해되는 경험이 누적되는 과정과는 연관이 없으며, 애도 작업 능력의 발달과도 연관되지 않는다.

아이의 발달은 평생동안 환상과 그 환상의 와해, 그리고 그 환상의 복구로 이루어지는 과정을 견디어내는 능력으로서, 변하지 않는 것이 아니라 계속 발달하는 것이다.

에릭 엠마뉴엘 슈미트가 쓴 오스카와 장미 할머니는 이 환상을 품는 능력이 병든 아이에게서 사라졌다가, 제3의 친절한 인물에 의해서 그 능력이 회복되는 것을 잘 보여주는 작품이다.

> 오스카(Oscar)는 어린 백혈병 환자이다. 그런 오스카를 방문한 장미 할머니는 그에게 충분히 좋은 엄마의 역할을 하게 된다. 오스카와 함께 환상의 장(場)을 만든 그녀는 그와 함께 그 장을 공유한다. 아직은 선고되지 않은, 그러나 감지할 수 있는 죽음의 그림자. 그 장 안에서 오스카는 그가 느끼고 있는 분노와 마주하고, 죽음의 그림자를 직면하는 것이 가능해진다. 이 이야기에서 오스카와 장미 할머니는 십이일 동안 우스꽝스러우면서도 낭만적인 시간 여행을 하게 된다. 아이는 이 여행에서 일어나는 일들을 편지에 옮겨서 제3의 인물인 신에게 보낸다. 오스카와 할머니가 공유하고 있는 이 놀이와 환상의 세계 덕분에—그리고 그 바탕에는 아주 커다란 사랑의 유대가 존재한다—오스카는 그의 내면에서 부모님을 사랑하는 능력을 되찾고, 자신의 분노와 직면하며, 옆방에 입원한 파란 소녀 페기에게 사랑 고백을 할 수 있게 된다. 또한 그가 살 날이 얼마 남지 않았다는 사실을 차마 알려주지 못하는 어른들에게 자신이 먼저 그것을 이야기하며, 자신을 구하지 못하는 의사를 위로할 수 있게 된다.

분노로 인해서 내적 어머니가 사라졌던 오스카에게 마미 로즈(Mamie Rose)의 유희적이고, 애정 어린 개입과 중재는 그녀를 되찾을 수 있게 하였다. 내적 어머니와의 관계 회복을 통해서 오스카는 그의 중간 영역, 즉 놀이의 장(場)을 되찾아 자신이 받아들일 수 있는 세계를 재창조하게 된다.

이렇듯 삶은 끝까지 살아갈 만한 것이다. 삶은 그런 가치를 가지는 것이다. 세상과 창의적인 관계를 맺고 있는 사람은 그 세상이 그에게 제공할 수 있는 모든 것들을 누릴 수 있다.

우리가 사는 동안 이 중간 영역이 커질 때도 있고, 작아질 때도 있다. 박탈 상황이나 정신적 외상의 상황을 만나거나, 오스카의 이야기에 나오는 것처럼 심각한 병에 걸리면, 그것은 사라져 버리기도 한다. 그러나 애정과 신뢰를 바탕으로 한 새로운 유대관계가 형성되면 이 중간 영역이 다시 회복되는 것을 볼 수 있다. 치료사들이 목표로 하는 것도 바로 이러한 복구이다.

요약을 해보자: 중간 영역은 아이가 환상을 체험하는 것(전능감의 원천이 된다)에서 그 환상과의 놀이(전능감을 지속시킨다)로 넘어가는 과정이 이루어지는 장(場)이다. 이때 아이는 실제 현실에 대한 지각과 그 현실을 이용하는 능력까지도 가지고 있다. 종이칼을 휘두르며 "나는 조로다!"를 외치는 꼬마의 행동이 그것을 잘 보여준다.

자신을 조로라고 외치는 꼬마의 말에 이의를 제기하는 사람은 아무도 없다. 아이의 주변 사람들이 그의 환상과의 유희 활동을 존중해주는 이유는 아이에게 있어서 그 활동은 그가 실제 현실을 조금씩 받아들이며 긍정적인 환상을 체험한 다음 그것이 점차 사라지기 시작했을 때 그 환상의 와해를 받아들이고, 그의 전능감 상실과 타협할 수 있는 방법이기 때문이다.

정의의 용사 복장을 하고 장난감 칼을 휘두르는 아이는 그렇게 노는 동안 실제로 정의의 용사가 되는 기쁨을 느끼고, 또 자신감을 얻게 된다. 그런 다음 다시 현실로 돌아와 그 현실이 주는 한계 또한 받아들일 수 있게 된다. 이 장의 끝부분에 소개할 실벵은 그렇지 못한 아이이다.

현실을 받아들이는 일은 어려운 일이며, 항상 미완성으로 남는다. 부모들은 보통 직관적으로 객관적인 지각(perception)에 내재된 긴장을 알아차린다. 앞서 제시한 예를 살펴보면 모든 사람들이 공유하고 있는 객관적인 지각은 그 꼬마가 피에르라는 아이이고, 그 아이의 이름은 피에르라는 사실이다. 충분히 좋은 엄마는 피에르에게 "넌 조로가 아니야!"라고 말하지 않을 것이다. 그 대신 실제 현실의 시간과 공간 개념을 편입시키며 그에게 "우리 조로 목욕할 시간 됐다! 이제 그 옷은 벗고 내일 다시 입자"라고 말할 것이다.

환상의 문제는 인간의 조건에 내재된 문제이다. 인간의 정신과 환경과의 만남은 환상을 사용하는 능력이 있어야만 가능해진다.

중간 영역은 환상은 아니지만 꿈과 환상과의 유희가 지배하는 곳이며, 유희는 가장 진지하고도 중요한 행위이다. 라퐁텐의 우화 구두 수선공과 부자의 결말에서 수선공은 부자에게 "제게 주었던 은화 100개를 다시 드릴게요, 제 노래와 잠을 다시 돌려주세요"하고 말한다. 그가 처한 힘겨운 현실을 받아들일 수 있게 도와주는 노래야말로 그에게 있어 가장 진지하고 중요했던 것이다.

> 우화의 수선공처럼 발렌틴도 퇴근한 다음 집에서 아코디언을 연주하거나, 기타를 치며, 노래도 만들고 하면서 그 날 직장에서 받았던 스트레스를 풀곤 한다.

그림을 그리면서 자신의 환상에 윤곽을 그리고 색을 입히는 아이는 그들과 마찬가지로 그 행위를 통해서 자신을 달래고, 또 진정시킨다. 중간 영역은 아직 형태를 갖고 있지 않은 대상이 형태를 갖게 되는 형태 없는 공간이다. 굴러다니는 천 조각을 발견한 아이는 그것을 가지고 옷을 창조한다. 여기서 형체가 없는 것은 재단하기 전이나 가봉하기 전의 원재료를 가리킨다. 우리 정신 영역에도 그것을 그대로 적용할 수 있다. 형태 없음의 영역은 자기 안에 있는 의식적 및 비의식적 환상들이 (꿈을 통해서) 아직 실현되지 않은 곳이다.

스퀴글(squiggle)

소통(소통의 거부도 포함한다)을 아주 중요하게 여겼던 위니캇은 그가 진료하게 된 아이들과 유희적인 방식으로 관계를 맺기 위해서 스퀴글이라는 특별한 기법을 창안해낸다. 이 놀이는 아무 의미 없이 자유롭게 그은 선들로 이루어진 일종의 그림놀이로서, 위니캇이 먼저 어떤 선을 그은 다음 아이에게 종이를 내밀어 그를 놀이에 초대한다. 이제 아이가 위니캇이 그려 놓은 곡선들에 낙서를 하고 그것을 변형시키려고 한다. 그 두 사람 사이의 교류는 이렇게 시작된다.

두 사람은 함께 이야기를 만들어내고, 위니캇은 그것을 통해서 아이가 가지고 있는 환상과 내면의 갈등에 다가가서 아이를 그것들로부터 해방시키려고 노력한다.

> 위니캇은 그가 곧 진료하게 될 일곱 살 먹은 아이의 부모와 아주 긴 면담을 마쳤다. 아이를 진료실에 들어오게 한 다음 위니캇은 "아이는 금방 나와 스퀴글 놀이를 하면서 놀았다"[1]고 말한다.

---

1 D. W. Winnicott, Jeu et Réalité, Gallimard, 1975, p.152.

> 스퀴글 놀이를 시작하기에 앞서 위니캇은 선수를 치면서 게임의 규칙을 제시한다. 그는 아이에게 '스퀴글을 하자' 고 하지 않고, '스퀴글을 하면서 놀자' 고 말한다.

또 다른 아이와의 놀이에서는 종이 위에 선을 하나 그은 다음 "어떤 아저씨야"라고 말하고 아이에게 그 종이를 건네니까, 아이는 그 위에 눈과 모자를 그리고 빗자루를 그린 다음 "해리포터를 쫓아다니는 마법사에요"라고 말했다. … 그런 식으로 스퀴글 놀이가 이어지고, 그것을 참고하여 위니캇의 가설이 이어지면서, 그 두 사람은 점점 더 '성스러운 순간' 에 접근하게 된다. 아이가 아버지에 대한 두려움을 고백하고, 그의 정서적인 발달이 중단된 순간과 당시의 상황을 밝히게 되는 그런 순간 말이다. 얽히고설킨 채 묶여 있던 매듭을 이제 풀 수 있게 되었다.

위니캇은 치료자 역시 자신의 중간 영역에 자리 잡고 있으면서 자신의 창의적인 기법을 체계적으로 정비하고, 코드화해야 한다고 주장하였다. 그만큼 그는 놀 수 있는 능력을 중요하게 여겼고, 그것이 불가능한 사람은 치료자라는 직업에 적합하지 않는다고 생각하였다. 실제로 놀이[1]라는 행위는 그것에 자신을 전부 쏟을 것을 요구한다.

논다는 것은 무엇을 의미하는가?

여기서 '논다' 는 것은 치료자와 아이가 각자 자신의 중간 영역—환상 및 환상과의 유희가 지배하고, 꿈과 현실 사이에 위치

---

1 여기서 위니캇이 말하는 놀이는 각각의 고유한 규칙을 가진 놀이(game) 또는 고정된 전형적인 놀이가 아니라 노는 행위 자체를 가리킨다.

한 자유로운 영역—에 위치하는 것을 의미한다.

치료자는 아이의 놀이 파트너이다. 자신의 운동성과 자율성을 투입하여 그와 노는 것이지 아이의 지성과 마주하고 있는 것이 아니다. 두 사람은 먼저 돌아가면서 그림을 그린다. 말을 트는 것은 그 다음 단계의 일이다. 무엇보다 먼저 두 사람이 놀이를 즐긴다는 것이 중요하다.

스퀴글 놀이는 위니캇의 발명품이다. 그 놀이는 다른 모든 소통의 기술들과 유사한 점을 보이면서 그것들을 연장시키는 소통의 기술이다. 그리고 그 자체로서 어떤 결과물을 이루는 것이 아니라 하나의 수단이다. 끈에는 보편적으로 통하는 상징적인 의미가 있다. 끈은 연결하고, 묶고, 감싸며, 포장하는 데 쓰인다.

치료자와 아이가 함께 참여하는 스퀴글 놀이는 타인과 관계를 맺으면서 말이나 정서, 감정, 생각을 서로 주고받는 모습을 연상시킨다.

창조, 그리고 자율성을 향해 나아가기

중간 영역은 창의적인 놀이와 상징의 사용, 그리고 문화 경험을 이루는 요소들로 구성되어 있다. 그런 것들로 가득 차있는 공간이기 때문에 그곳은 대상과의 분리가 이루어지지 않을 수 있는 공간이 된다. 동시에 '나'와 '나 아닌 것' 사이의 분리를 가능하게 만드는 역설의 공간이기도 하다.

중간 영역 안에서 유희적이고 창의적으로 그 시공간을 채우는 것이 가능한 아이는 그 안에서 다른 사람과 어울리는 능력을 기르며 동시에 '혼자 있는 능력' 을 기르게 된다.

"'혼자 있는 것' 이 가능하다는 사실은 역설적이게도 그곳에 다른 사람이 존재하는 것을 전제로 한다."[1] 즉 '혼자 있다' 는 것은 누구와 '함께' 혼자 있다는 것, 다시 말해서 내적 대상과 함께 있다는 것을 의미한다. 위니캇은 아이의 "나는 존재한다"라는 발언은 신뢰할 수 있는 어머니의 존재의 연속성에 대한 그의 믿음에 따르는 것으로서, "나는 혼자이다"에서의 "나"가 확장된 것으로 보았다. 우리는 그때 비로소 혼자 있는 능력에 대해 그리고 더 나아가 혼자 있음에 따른 즐거움에 대해 말할 수 있다.

"나의 존재를 분명히 의식하고 있는 상태에서, 바닥에 앉아 종알거리며 놀고 있던 그녀는 '다른 누가 함께 있는 상황에서 혼자 있는 능력' 에 대한 살아 있는 이미지 그 자체였다."[2]

위의 구절은 당시 세 살이던 피글에 대해서 위니캇이 남긴 글이다. 자신의 중간 영역에 잘 자리 잡고 있는 그녀는 그녀를 안심시켜주는 내적 대상과 관계를 맺으며 동시에 외부 현실 세계에 위치한 위니캇의 존재 또한 인식하고 있는 상태라고 볼 수 있다.

중간 영역은 또한 휴식의 영역이다. 그 안에서 아이는 객관적 현실과 주관적 현실을 분리해서 생각할 필요가 없으며, 그 둘을 분리하여 생각하는 동시에 그 둘 사이의 연결 고리를 유지하는 데 신경을 쓸 필요가 없다. 그 공간 안에서만큼은 긴장을 풀고, 노력을 하지 않아도 된다.

---

1 D. W. Winnicott, De la pédiatrie à la psychanalyse, p. 331.

2 D. W. Winnicott, La Petite 'Piggle' , Traitement psychanalytique d' une petite fille, Payot, 2000, p. 148.

잠재적 공간

중간 영역을 결정하는 것은 엄마와 아이 사이의 관계이다. 그렇기 때문에 그 공간을 잠재적 공간으로 볼 수 있다. 이 공간은 어머니와의 동일시를 통해서 형성된다. 다시 말해서, 어머니의 보살핌, 아이와 애정 어린 관계를 맺는 능력, 삶에 대한 태도, 자신이 실제로 살아있다고 체감하는 능력, 새로운 것에 대한 호기심과 그에 대한 탐색, 현재의 즐거운 일과 힘든 일을 다 안고 앞을 바라보고 미래 계획을 세우는 능력, 이 모든 것들에 대한 동일시를 통해서 형성된다.

이 공간은 대기 상태의 것, 즉 가상 상태의 모든 것들이 발현되는 장소이다. 그것은 앞으로 발현될 것들을 보호하는 울타리와 충분히 좋은 주변의 도움으로 피어날 수 있는 매우 귀중한 공간이다. 아이가 성장함에 따라 환경은 점차 적응의 정도를 낮추게 되고, 그에 맞춰서 아이는 중간 영역 안에서 자신의 지적, 육체적 능력, 대인관계 능력과 정서 능력, 예술적 능력을 기르게 된다. 이제 자신에게 부족함이 없이 완벽하게 맞춰주던 환경을 잃은 아이는 그 부족함과 불완전함을 이용해서 결핍된 환경을 충분히 좋은 것으로 바꾸기 위한 방법들을 고안하려고 노력한다. 사랑은 그때 개입된다. 그런 시도를 통해서 아이는 지적 능력을 향상시키고, 창조 능력을 더 발달시킨다.

공간 그 이상, 하나의 과정…

우리가 중간 영역이라고 부르는 제3의 공간은 바깥에 있는 것도 아니고 안에 있는 것도 아니다. 그 안에서 꿈과 현실은 서로 겹치고 포개어지면서 서로를 살찌운다. 그리고 그곳은 하나의 공간인 동시에 하나의 과정(processus)이다. 또한 그 과정은 아기가 삶을 향해서, 바깥 세상을 향해서 나아가기 시작할 때 비로소 발동한다.

강가 아주 가까운 곳, 어느 한 구석 두 개의 돌 사이로
새어 나오는 샘 하나,
아주 먼 곳으로 떠나려는 듯, 물은 경쾌하게 달린다.
아, 참 기쁘구나!
땅 밑은 그리도 컴컴했는데!
그러나 이제 내 기슭은 푸른빛을 띠며,
하늘은 나를 거울삼아 자신을 비추어 보는구나,
하고 그 샘은 작게 속삭인다."[1] 시인 테오필 고티에의 이 '노래'는 아이들의 삶에 대해서 위니캇이 가지고 있던 시각을 아주 잘 그려내고 있다.

중간 영역은 독립을 향한 여정이 이루어지는 곳으로, 그 여정에는 '떼어내기'(sevrage)라는 과정이 꼭 필요하다.

창조성의 중요성

위니캇 이론의 중심에는 창조성이 있다. 위니캇의 말에 따르면 창조성은 살아가는 행위 자체에 내재되어 있을 뿐만 아니라 삶의 보편적 특질이기도 하다.

창조성은 보이는 모든 것들을 건강한(건강이라는 개념은 위니캇의 이론에서 매우 자주 등장한다) 시선으로 바라보는 관점 안에 존재할 뿐만 아니라 자발적으로 행동하는 모든 아기나 아동,

1 T. Gautier, "La source", Emaux et Camées, Recueil de poèmes, Gallimard, 1981.

청소년, 성인이나 노인 안에도 존재한다.

창조성은 우리 안에 잠재되어 있으며, 우리의 욕구에 의해서 발현된다.

갓난아기는 자신의 욕구, 다시 말해서 사랑하는 능력에 의해서 어머니의 젖가슴을 끊임없이 창조하고 또 창조한다. 생의 초기에는 사랑에 대한 갈망과 음식에 대한 갈망이 "서로 겹쳐진다".

바깥세상을 향해 나아가고, 새로운 것들을 발견하며, 우리가 받아들일 수 있는 형태로 현실을 바꾸어 그 외부 현실을 받아들일 수 있게 해주는 것이 바로 이 창조적 약동(élan createur)이다. 창조성은 다양한 방식으로 만나고, 경험을 하며, 많은 시도를 하고 실패를 하면서 살아가는 생활방식을 의미한다. 그것은 세상을 살아가는 기술 가운데 필수적인 요소이기도 하다!

창조성은 예술작품을 만드는 사람에게만 있는 것이 아니다. 창조성은 단순히 성공한, 혹은 인정받은 창작품에 한정지을 수 있는 개념이 아니다. 자전거를 배우기 시작한 아이가 자전거에서 떨어지고, 넘어지며, 그 위에 다시 올라가서 연습하는 행동 전부는 그가 자신의 창조적 충동을 이용해서 하는 행동이다. 그리고 그 순간 그를 지지해주는 것은 아버지의 말과 시선, 아버지의 안아주기이다. 아이나 성인의 주변 사람들은 그 사람을 지지하고 받쳐주는 창조적 충동을 인정해준다. (p.63)

걸을 수 있게 된 아기가 미지의 공간을 향해 더 나아가기 위해서는 그에게 어느 쪽으로 가보라고 제안하고 권유하는 부모의 손(방향을 가리키는 손가락), 즉 인도가 필요하다.

모든 사람들에게, 평생 동안

중간 영역은 사람 사이의 친밀한 교류가 오가는 곳이다. 그곳은 그가 가진 모든 결점에도 불구하고 그 사람을 좋아하고 아껴주는 친구가 있는 곳, 다르게 말하면 상대적 환멸이 수용되는 곳이기 때문이다. 한 쪽에서는 상대방의 있는 그대로의 모습을 수용하면서 다른 쪽에서는 그 사람에 대해서 갖는 환상을 어느 정도 유지하는 능력을 전제로 하는 것이 우정이다.

> 막스(Max)에게는 친구가 없다. 어머니의 집요한 사랑에 갇혀서 지낸 막스는 그녀와 떨어져 '바깥' 세상으로 나아갈 기회를 잡지 못했다. 그래서 자유와 창조의 공간인 그의 중간 영역은 협소한 규모로 형성될 수밖에 없었다. 유치원에 들어간 막스는 다른 아이들에게 다가가지도 못하고, 그에게 다가오는 아이들을 어쩔 줄 몰라하면서 울음을 터뜨렸다.

어릴 때 배우지 못한 것은 청소년기 때 다시 재현되며, 더 나중에는 반복적인 신경증적 행동을 통해서 나타난다. 앞에서 소개한 막스도 그래서 여전히 외롭고 고독한 어른으로 남았다.

중간 영역은 일이나 놀이, 만들기, 정원 꾸미기, 미술관 방문이나 음악감상처럼 우리에게 즐거운 감정을 불러일으키는 행위를 하는 동안 우리가 머무는 공간이다.

중간 영역은 성인의 문화공간이다. 기도를 하는 사람, 그림을 그리는 화가, 글을 쓰는 작가, 연구를 하는 사람들이 그 행위를 하는 동안 머물고 있는 장소이자 공간이다.

중간 영역의 형성은 또한 성인이나 아동의 구분없이 그 사람이 건강하게 지내는 데 꼭 필요한 요소이기도 하다.

중간 영역이 너무 협소하게 형성된 아이나 성인은 외부 현실과 사물 세계와 진정한 관계를 맺는 데 어려움을 겪는다. 그런 사람들은 항상 들떠 있는 상태이거나 반대로 만사를 지루하게 느끼며, 놀지 못하거나 아무런 즐거움도 느끼지 못하면서 충동적으로 놀게 된다. 또 혼자 있지 못하고, 남들과 함께 어울리지도 못한다. 창의적으로 행동할 줄 모르며 제대로 쉴 줄도 모른다. 놀 줄 모르는 너무 진지한 성격의 아이나 성인들이 바로 중간 영역이 협소하게 형성된 사람들이다.

> 여덟 살 된 소년인 실벵(Sylvai,n)은 주변으로부터 칭찬을 많이 듣는 아이이다. 담임 선생님은 그를 "똑똑하고 사려 깊은, 아주 훌륭한 학생"이라고 칭찬하고, 부모는 그를 말 잘 듣고, 얌전한 아이로 여긴다. 그러나 그것은 건강의 신호가 아니다. 그는 또래와 잘 어울리지 않고, 자기보다 나이 많은 사람들과 이야기하는 것을 더 좋아하며 실제로 어른들이 "더 흥미롭다"고 말한다. 하지만 그것은 사실 그가 중간 활동(activités transitionnelles)을 만들지 못했거나, 그럴 기회를 갖지 못했다는 것을 의미한다.
> 수요일마다 그를 돌보는 보모는 지나치게 진지한 아이를 염려하면서 그에게 게임이나 다른 놀이를 할 것을 권장한다. 그때마다 실벵은 "그런 것들은 너무 애들 것 같잖아요!"라고 대답한다. 실제 나이에 걸맞는 어린 아이로 있지 못하는 그가 한 말이다!

이것은 결국 실벵이 아기 시절의 전능 환상에서 벗어나지 못하고, 중간 영역을 형성하지 못했다는 것을 의미한다.

제 5 장
중간 대상: 애완인형(doudou)

우리가 흔히 애완인형이라고 부르는 중간 대상은 우리가 이미 잘 알고 있는 물건이다. 아기가 절대로 자기로부터 떼어놓지 않으며 항상 들고 다니는 물건으로 토끼 인형이나 손수건, 이불처럼 아기가 막 잠을 청하려고 할 때, 그의 수중에 없어서는 안 되는 바로 그 물건이다.

위니캇은 아기가 환경과 최초에 맺는 관계에 특별히 많은 관심을 기울였다. 다시 말해서, 그는 젖먹이가 선택된 대상에게 보이는 초기의 애착에 처음으로 관심을 기울인 사람 가운데 하나이다.

그는 1951년에 "중간 대상과 중간 현상"이라는 논문에서 처음으로 이 주제를 이론화한 다음, 20년이 지나 『놀이와 현실』[1]에서 그것을 다시 다룬다. 그 이유는 그가 중간 대상에 대한 정의를 더 명확하게 하려고 했으며, 그것을 마치 어른들이 소유하는 것처럼 '물상화(chosification, 物象化)'[2]되는 것을 방지하려고 했

---

1 D. W. Winnicott, Jeu et Réalité, 1975.

2 물상화(chosification)란 어떤 대상에서 그것이 지닌 표징적 가치, 즉 그것을 하나의 독특하고 유일한 물건으로 생각하면서 거기에 부여한 상징적 가치를 제거하는 행위를 말한다. 그때 그 물건(애완인형)에서는 중간 대상으로서의 중요성이 벗겨진다.

기 때문이다. 또한 그는 사람들이 그의 주장을 제대로 알아듣지 못했다고 생각하였고, 정신분석학자들은 인간을 이해하는 데 있어서 주관적 현실과 객관적 현실이라는 두 개의 현실에만 염두를 두고 사고를 전개한다고 지적하였다. 그는 이 세상에는 그 대상이 실제적인 것인 동시에 상상 속에 있는 것이기도 한, 주관과 객관이 혼합되어 있는 제3의 현실도 존재하고 있다고 보았다.

대상이란 무엇인가?

대상(objet)이라는 단어는 일종의 '가방-단어(mot-valise)', 즉 그 안에 모든 의미를 담아두고 그것이 사용되는 영역에 따라 그때그때 필요한 의미를 꺼내 쓰는 단어인 듯하다. 그러므로 그 단어를 사용하기에 앞서 그 단어에 대해 설명할 필요가 있다.

그와 같은 방식은 대단히 위니캇다운 방식이다. 그는 실제로 젖먹이가 대상을 사용하기 위해서는 먼저 그가 대상과 관계를 맺고 있는 상태여야 한다고 설명한다. 대상을 이용하는 것과 대상과 관계를 맺는 것은 서로 구별되는 작업이다. 이것은 모든 분야에 적용되지만, 특히 언어 분야에서 그런 모습을 더 잘 관찰할 수 있다. … 어떤 아기들은 단어들을 사용하기 전에 그것들을 전부 저장한다. 오랫동안 말문이 트이지 않았던 아기가 어느 날 갑자기 말문이 트였는데 그때 말을 굉장히 잘하는 경우는 앞에서 말한 경우에 해당한다고 볼 수 있다.

이제 정신분석학에서 바라보는 대상에 대한 관점을 살펴보자.

첫 번째 관점에서 바라보는 대상은 "(아이의) 애정이나 증오의 대상이 되는 외적 실체(외적 대상)나 그 대상의 (신체적) 특징", 다시 말해서 어머니의 젖가슴과 손, 어머니가 차고 있는 목걸이처럼 아기가 보기에 어머니의 일부에 해당하는 것들이다. 두 번째 관점에서 바라보는 대상은 "전형적으로 분석적인 관점에서 말하는 대상으로서, 그 대상은 무의식적이고, 내적인 표상에 해당된다."[1]

한편 위니캇에게 있어서 대상은 먼저 실제적인 대상이다. 다시 말해서 대상은 상상의 산물이나 표상의 산물이기 전에 생물학적인 것에 가까운 실제로 존재하는 것, 다시 말해서 실체를 가진 외적 대상이다. 그는 그의 이론 작업에 주관적 대상과 잘 알려진 중간 대상 개념이라는 두 가지 새로운 개념을 도입한다. 이 두 대상은 아이가 성장함에 따라 일정한 순서를 밟으면서 그의 앞에 등장하게 된다.

아기 앞에 연속으로 등장하는 대상

생의 최초의 시기에 해당되는 태내기는 대상이 존재하지 않는 시기이다. 이 시기에 태아가 입으로 가져가는 엄지는 진정한 의미의 대상이라고 볼 수 없다. 그것은 태아의 자발적인(spontane) 동작이 일어날 때 우연히 그 자리에 있던 몸의 일부로 보아야 한다.

위니캇은 출산 전 아기와 엄마 사이에 "중간막"(couche intermediaire) 경험이 발생한다는 글을 남겼다. 태반과 자궁 내막, 양수로 구성된 이 "중간막"은 어머니만의 것도 아니고, 태아만의

1 J.-D. Nasio, Enseignement de 7 concepts cruciaux de la psychanalyse, Rivages, 1988, p. 157.

것도 아닌 두 사람 모두의 것이며, 두 사람을 서로 분리시키는 역할을 한다. 위니캇은 이러한 초기 체험은 지워지지 않는 것들로서, 이 중간막이야말로 그 다음에 등장하는 중간 대상의 원형(prefigure)으로 볼 수 있다고 생각하였다.

주관적 대상

"주관적 대상은 아직 '나 아닌' 현상(phénomène non-moi)으로서 분류되어 거부당하지 않은 대상을 가리킨다."[1]

젖먹이에게 어머니의 젖가슴이나 젖병, 본인의 엄지손가락은 그가 필요할 때 만들어내는 자신의 몸의 연장된 부분에 속한다. 그렇기 때문에 본인의 연장된 부분과 같은 위상을 가지고 있는 '나-대상' (objet-moi)이다.

아기의 입장에서 대상을 만들고, 실재하게 만드는 것은 바로 자기 자신이기 때문에 우리는 그 대상들을 주관적 대상이라고 부른다.

중간 대상도 나중에 그곳에 자리하게 된다. 중간 대상은 실제로 존재하는 것인 동시에 상상의 산물(imaginaire)이다.

치료 과정 중 퇴행이 일어난 성인 환자는 분석가와의 관계에서 이 주관적 대상을 다시 체험하는 경우가 있다.

> 폭식증을 앓고 있는 30대 여성 미미(Mimi)는 어머니의 몸과 분리되지 않고 젖을 아직 떼지 못했다는 자신의 느낌을 잘 표현하는 "어머니 화"(化)(mamaïsation)라는 단어를 만들어냈다. 그녀 같은 어른들은 모두 어머니를 '나-아닌' 대상으로 떨쳐 버리지 못한 사람들이다. 그런 이유로 그녀

1 D. W. Winnicott, Processus de maturation chez l' enfant, Payot, 1970, p. 152.

> 의 어머니는 그녀에게 여전히 주관적 대상으로 남아 있으며, 그녀의 일부이다. "나는 젖가슴이고, 젖가슴은 나이고, ... 위(胃)는 살아있는 것이고. ... 안전장치(sécurité)이다. ... 어머니를 기대하며 우리는 어머니를 받치고, 내가 음식에 달려드는 것은 외로움을 달래기 위해서이다."

음식에 달려드는 것은 흔하게 볼 수 있는 보상 행동 중의 하나이다. 미미의 경우 그 정도가 조금 심한 편이다. ... 그녀는 어머니와 융합된 상태로부터 그녀의 젖먹이 특유의 가차없는 구강성(oralité)과 연결된 육식성의 사랑으로부터 벗어나기를 원한다. 어느 날 그녀는 자해 충동을 실행에 옮긴 뒤 본인의 상담 시간에 나타났다. 어머니의 몸에 대한 집착에서 헤어나오지 못했던 그녀는 생각과 언어를 통해서 배와 가슴에 칼질(다행히도 얇게)을 하고 온 것이다.

이렇듯 어머니와의 융합 상태 및 어머니의 몸으로부터 분리된 것에 따른 애도 작업이 충분히 이루어지지 않은 미미에게 있어서 음식은 주관적 대상처럼 '나-대상'의 연장인 것처럼 경험된다.

주관적 대상에 대한 경험은 누구나 가지고 있으며, 이런 경험은 예를 들면 자신과 타인의 육체의 경계를 구분하지 못하는 성행위에서도 찾아볼 수 있다.

중간 대상

주관적 대상의 다음 단계는 혼합형 대상이다.

생후 4개월쯤 되었을 때, 아기 안에서 주체와 대상 사이의 분화(分化) 작업이 시작된다. 이때 대상은 어머니의 두 가지 기능 또는 어머니가 아이에게 주는 돌봄의 두 가지 속성을 지닌 대상으로 양분된다.

-아기를 자극을 하고, 흥분시키며(젖병을 가까이 가져갈 때 아기가 얼마나 뒤척이고 버둥대는지를 떠올려 보라), 음식을 주는 어머니는 충동의 대상이 된다(앞으로 라캉의 소타자 a가 된다).

-아기를 진정시키고, 안심시키는 환경-어머니는 중간 대상이 된다.

모든 아이는 각자 자신의 고유한 중간 대상인 애완인형(doudou) 모델을 창조하며, 그것은 다음과 같은 도식을 따라서 진행된다:

손과 발을 사용하는 동작들이 나타나 나중에 나-아닌 대상을 조작하는 방법으로 발전한다. 어떤 아기는 자기 엄지손가락을 빨면서 검지손가락으로는 자기 볼이나 윗입술을 만지작거린다.

그 다음에 오는 활동은 빨기의 쾌락에 집중된 좀 더 복잡한 자체성애적(auto érotique) 행위이다. 예를 들어, 아이는 이제 다른 손을 이용해 이불 끄트머리를 잡아당겨 입으로 가져가거나, 그것의 실밥들을 잡아당긴다. 그렇게 이용하는 물건의 선택 기준은 손에 잡히는 모든 물건들이다.

이 두 번째 행위는 엄지손가락을 빠는 행위와는 조금 거리가 있다. 전자가 충동적인 흥분을 불러일으킨다면, 후자는 보다 부드러운 행위에 해당되며, 그 구강 활동에 소리나 음향 효과, 종알대는 소리가 동반되기도 한다.

그래서 우리는 이 중간 대상은 어머니와 아이를 동시에 표상하는 것이라고 볼 수 있다. 실제로 중간 대상은 내적 대상, 즉 아기의 심리적 현실에 속하는 동시에 모든 사람들이 공유하는 현실(객관적 현실)에 속하는 외적 대상이다.

실제로 어머니는 아기의 요람에 곰인형, 배내옷, 털이불 등과 같은 부드러운 물건들을 넣는다. 아기는 그 중 하나를 골라 자기 것으로 취하여, 그 물건에 집착한다. 중간 대상 개념의 가장 중요한 특성은 역설과 그 역설을 받아들이는 환경이다. 대상을 창조하는 것은 분명히 아기이지만, 그 대상은 이미 그 자리에 있으면서 아기가 그것을 창조하기를, 즉 정신력을 투여하기를 기다리고 있다. 엄마의 목소리 또한 중간 대상이 될 수 있는 것도 바로 그런 이유 때문이다.

위니캇은 중간 대상의 등장 시기를 생후 4개월에서 12개월 사이로 보았다. 중간 대상은 중간 현상들을 토대로 형성되며, 현실과 부딪히는 시련을 겪게 되는 시기 이전에 등장한다.

여기에서 기억해야 할 것은 대상 자체가 중간적이지는 않다는 사실이다. 그것은 어디까지나 하나의 매체(support)이자 기호(signe)이며, 그 대상의 사용이 중간 현상에 속하는 것이다. 여기에서 중요한 것은 이 중간 현상이 실제로 존재한다는 사실이다. 그것이 바로 우리가 세상과의 연결되기 시작했다는 증거이기 때문이다.

중간 대상, 중간 현상, 중간 활동의 차이

우선 중간 대상, 중간 현상, 중간 활동 사이에는 아무런 차이

1. 중간 활동은 한 개인을 상황적 요구에 따르지 않으면서 이끌어가는 즉각적이고 유희적인 활동을 말한다.

가 없다고 말할 수 있다.[1] 기능적인 면에서 보았을 때, 이 말은 틀린 말이 아니다. 그러나 대상의 본질과 그 운명을 살펴보면 이야기는 달라진다. 그 셋 사이의 차이는 기호 차원이 아닌 매체의 차원에서 발견된다.

중간 현상이라고 말할 때는 행위(action)에 초점을 맞춘다. 그것은 놀기, 노래하기, 기도하기, 탐색하기, 종알거리기처럼 동사의 사용을 통해 나타난다.

중간 대상이라고 말할 때는 "매체"에 초점을 맞춘다. 그 행위가 실행되는 방법이나 수단에 초점을 맞추는 것이다. ... 아기가 이불에서 뜯어낸 천 조각이나 곰 인형 등이 이에 해당된다.

중간 현상은 중간 대상보다 더 다양하고 애매한 편이며 더 유동적이다. 중간 대상의 가장 큰 특징 중 하나가 고정성이라면(fixité), 중간 현상은 문화 활동 전반에서 찾아볼 수 있다: 아이들이 학교에서 점토를 이용하여 물건을 만들고, 색연필이나 그림물감으로 색칠하는 활동 등을 예로 들 수 있다. 그러면서 아이들은 점점 더 초기의 자체성애적 활동에서 떠나게 된다. 그들은 처음에는 그들의 몸에서 나오는 소리에 매료되어 그 소리를 흉내 내고, 음향 효과를 내며, 욕설을 내뱉는 것을 즐기다가 차츰 음악에 흥미를 가지고 음악을 듣고 연주하는 것을 즐기게 된다.

우리가 전통적으로 중간 대상이라고 부르는 대상의 경우, 그것의 촉감이나 냄새가 중간 현상과는 달리 매우 특별한 중요성을 가진다.

중간 현상이 평생 지속되는 것이라면, 중간 대상은 보통 시간과 함께 퇴색된다(중간 대상의 운명을 참고하시오).

중간 대상이 생겨나는 것은 다음의 두 가지를 통해서이다: 하나는 환상의 경험이고, 다른 하나는 몸에 대한 경험이다.

중간 대상의 위상

중간 대상은 아이가 처음으로 상징을 사용하게 되었다는 것과 처음으로 놀이를 경험한다는 것을 의미한다. 그때 중요한 것은 중간 대상이 환상이 아니라, 실재하는 대상이라는 사실에 있다: 곰 인형이나 다른 인형, 아이가 잠들기 전에 흥얼거리는 마법의 주문이나 노래 등과 같은 것들 말이다.

그 물건들 중에 유독 그에게 특별한 의미를 가지고 있으며, 다른 것들과 구분되는 것이 생길 수 있다. 대부분의 경우 어머니를 연상시키는 부드럽고 푹신한 물건이 그 대상이 된다.

그 물건은 어느 정도의 밀도(密度)를 가지고 있어야 하고, 움직일 수 있어야 하며, 생동감을 보이고, 고유성을 지니고 있어야 한다. 그것이 어떠한 형태를 하고 있는지는 중요하지 않고, 그것의 촉감과 냄새만이 아기에게 중요한 의미를 가진다.

아이에게 있어서 그의 엄지손가락은 그가 소유한 '나 아닌' 물건이 아니라, 그의 몸의 일부에 속한다. 그럼에도 불구하고 아이가 자려고 누웠을 때나 속상한 일이 있을 때 엄지손가락을 찾고 사용하는 것은 거기에서 중간 대상의 기능, 즉 달래주고 안심시키는 기능을 찾기 때문이다.

그 외에도 물리적인 형태를 갖춘 실체는 아니지만 중간 대상의 기능을 갖는 중간 기술이나 방법도 존재한다. 속삭이는 소리나 아기의 옹알이, 노래, 커튼 사이로 스며드는 빛 … 때로는 어머니 자체가 중간적 기능을 하기도 한다.

프랑수아즈 돌토(F. Dolto)는 어머니의 말도 중간 대상의 역할을 한다고 생각했다.

중간 대상은 곧 아이가 붙인 이름을 가지게 된다. 아이는 그가 들은 단어의 일부를(예를 들어서 엄마에서 '마') 이용해 중간 대상의 이름을 정한다. 그에 반해서 애완인형은 어른들이 붙인 이름이지만, 다정한 응석을 쉽게 연상하게 만드는 단어이기 때문에 아이가 자기의 것으로 취한 단어이다.

우리 눈에 중간 대상은 아이의 몸과는 별개로 존재하는 독립적 실체이다. 그러나 아이 눈에 중간 대상은 자신과 분리되는 것을 상상조차 할 수 없는, 그의 일부에 속하는 물건이다. 그것을 잃어버리거나 다른 사람에 의해 손상될 때 아이가 그토록 절망하는 이유는 바로 그 때문이다. 같은 이유로 충동적인 성향이 강한 아이들 중에는 애완인형이 잘못되는 것이 두려워 그것을 안전한 장소에 두거나 여행이라도 가면 그것을 아예 집에 놓고 가는 아이들도 있다.

중간 대상은 외부 현실과 개인의 정신을 연결하는 요소 중 하나이다. 그래서 그 대상을 잃은 아이는 입과 엄마의 젖가슴을 잃고, 자기의 손과 어머니의 피부를 잃고, 창의력과 객관적 지각 능력을 잃었다고 볼 수 있다.

중간 대상은 외부 세계와 내면 세계 사이의 연결이자 결합을 의미한다. 앞에서 소개했던 카림의 경우를 생각해보라. 어머니의 목소리를 중간 대상으로 내면화하였던 그가 외부 세계와 내면세계를 연결해주던 대상을 잃었다면 어떻게 되었을지 상상해보라.

중간 대상은 두 사람 사이의 분리가 이루어지는 시공간 안의 바로 그 지점에서 어머니와 아기의 결합을 상징한다.

중간 대상의 기능

중간 대상의 첫 번째 기능은 어머니, 그 중에서도 평온한 상태의 어머니를 대신하는 기능이다. 그 어머니의 특성들이 모두 대상 안에 포함되어 있다. 중간 대상은 그녀를 대신하는 것을 넘어 그녀보다 더 중요한 의미도 지니게 되지만, 그것은 어디까지나 충분히 좋은 환경이 전제가 될 때이다.

제2차 세계대전 당시 박탈된 아동들을 돌보았던 위니캇은 그들에게 중간 대상이 없다는 사실을 관찰한다. 상대적 의존기에 어머니와 분리된 아이들은 '노는 것'이 불가능하고, 그들 자신에게 세계를 창조하고 변화시킬 수 있는 능력이 있다는 환상을 유지할 수 없었던 것이다. 중간 대상을 가지지 못했던 그들은 그 대신 다양한 증상들을 보였다: 유뇨증, 불면증, 도둑질, 반사회적 행동 등이 그것들이다.

중간 대상의 첫 번째 역할은 아이를 달래주고 불안으로부터 보호하는 것이다.

충동 대상과 달리 중간 대상은 아이를 항상 충족시켜주는 대상으로서, 아이는 대상을 통해 진정하고 안심하게 된다. 그는 그 대상을 통해 '혼자 있는 능력'을 얻게 된다. 중간 대상은 각성 상태에서 수면 상태로 넘어갈 때도 그 효력을 발휘한다. 우리는 잠들려고 하는 아이가 찾는 특정한 베개나 여행을 가는 성인이 꼭 챙기는 물건들에서 그 대상의 흔적을 발견할 수 있다. 중간 대상은 외로움을 느낄 때나 이별의 순간에도 필요하며, 더 일반적으로는 자아가 해체의 위협을 받거나, 마취나 수술 전처럼 자아의 일체성에 위협이 가해지는 순간에 필요하다.

다르게 말하면, 아이는 우울한 상태에 있거나 자아 해체의 위협을 받게 될 때, 재잘거리거나 놀거나 노래하거나 애완인형을 껴안고 있을 필요성을 느낀다. 그럴 때 중간 대상이 그의 안식처인 셈이다.

> 프랑스(France)는 어머니를 잃은 다음, 음악에 푹 빠져서 오랜 시간 동안 피아노를 쳤는데, 이를 두고 그녀의 주변에 있던 사람들은 그녀를 비난하였다. 그러나 그녀에게 있어서 그 행위는 자신의 뿌리와 다시 만나고 중간 영역과 다시 연결시켜주는 수단이었다.

그런 행위의 연장선 위에 있는 또 다른 여성들을 생각해볼 수 있다. 그녀들은 아이를 낳는 순간 매우 큰 불안과 퇴행의 순간을 겪으면서 아주 오래 전부터 잊고 있었던 애완인형들을 다시 필요로 하며, 그것을 찾기도 한다.

중간 대상의 두 번째 기능은 첫 번째 기능과 결합하여 아기를 공격성으로부터 살아남게 하는 것이다. (마티스의 사례)

세 번째 기능은 아이에게 실제적인 상황을 스스로 통제하게 하는 경험을 제공하는 것이다. 아이는 보통 중간 대상을 자기 마음대로 조작한다. 그렇게 하는 동안 아이는 어머니의 젖가슴을 마음대로 통제했던 과거를 상상하면서 지금 어머니에 해당하는 실제의 대상을 통제하지 못하는 현실과의 사이에 있는 간극을 극복한다.

아이가 공격성으로부터 살아남는 것과 시각, 후각, 촉각 및 조작을 통해서 실제적인 상황을 통제할 수 있는 것은 매우 중요하다. 왜냐하면 그것들은 아이에게 내적 현실과 외부 현실의 차이를 구분할 수 있게 하고, 나와 나-아닌 것 사이의 구분도 가능하게 하기 때문이다. 그것을 통해서 아기는 대상들이 자신보다 먼저 존재하고 있지만, 그에게는 여전히 세상을 창조할 수 있는 능력이 있다는 믿음을 가질 수 있게 된다.

네 번째 기능은 지능의 발달과 관련된다. 아기는 정신적 활동과 창의력으로 충분히 좋은 환경을 완벽한 환경으로 바꾼다.

> 육아 관련 지식에 정통한 한 어머니가 치료사 친구와 이야기를 한다. 그 엄마의 고민은 아들에게 중간 대상이 없다는 점이다. "줄리앙(Julien)은 세 살인데, 할머니네 집에 며칠 머물 일이 생겨도 특별히 챙겨가는 물건이 없지 뭐니! 그 애 사촌은 그런 것들이 있는데 말이다. ..." 그녀의 친구는 그녀에게 아이의 첫 중간 대상은 아이가 가지고 노는 어떤 낱말처럼 어른이 알아보지 못하는 대상일 수 있다고 말한다. 그 말을 듣고 줄리앙의 엄마는 흥미로운 점을 들면서 이야기한다. "줄리앙이 저녁에 잠자기 전에 꼭 옛날이야기를 들려달라고 하는데 할머니한테도 그러더구나. 그때 책을 읽어주면 안 되고, '입으로 하는 이야기'를 해달라고 해."

입으로 하는 이야기라니! 줄리앙에게 있어서 어머니의 말들이야말로 어머니의 입의 연장된 부분에 속하면서, 그에게는 첫 중간 대상이 되었던 것이다. 책에 나오는 이야기가 아니라, 입으로 하는 이야기를 요구하는 것은 아기의 초기의 자체성애적 행위(activité autoérotique)와 중간 대상이 서로 연결되어 있는 것임을 잘 드러낸다.

> 줄리앙(Julien)의 어머니는 그 다음에 이렇게 말했다. "줄리앙은 저녁에 침대에 갈 때는 한 무리의 친구들을 데리고

가기도 해." 그 당시 방 한 구석에서 놀고 있던 줄리앙은 그녀들이 이야기하는 것을 듣지 않는 것처럼 보였다. 그러나 그 다음날 줄리앙의 엄마는 전화로 치료자인 친구에게 다음과 같은 말을 하였다. "어젯밤에 나와 줄리앙 아빠, 줄리앙의 형이 잠자리에 들어갔을 때, 우리 모두는 각각의 베개 위에 줄리앙이 귀 옆에 가져다 놓은 그의 친구들이 놓여 있는 것을 볼 수 있었어! 물론 줄리앙은 이미 잠들어 있었고..."

이 이야기의 마지막 부분은 나로 하여금 사람의 생각과 사랑 사이의 관계를 다시금 생각하게 만든다. 사랑은 사람들에게 어떤 생각을 가져다주기도 하는 것이다. 어제 두 사람 사이에서 오고 간 대화를 들었던 줄리앙은 그의 애완인형 친구들과 사랑하는 어머니 그리고 그 연장선상에 있는 아버지와 형이 서로 이어져 있음을 이해했던 것이다. 어머니에 대한 애정과 고마움이 자기에게 좋고 이로운 만큼 그가 사랑하는 사람에게도 그 애완인형들이 도움이 될 것이라고 생각해서 그들의 침상에 그의 애완인형들을 놓아줄 생각을 했던 것이다.

대상과의 관계로부터 대상의 사용으로

아기에게 대상을 사용할 수 있는 능력이 생길 때 대상은 존재하기 시작한다. 생의 시작 단계에서, 주체가 곧 대상인 시기에 아기는 대상과 관계를 맺고 있지만 그것을 사용하지 않는다. 그것을 사용하는 능력을 먼저 습득해야 하는 것이다.

대상과 단순히 관계를 맺고 있는 것을 너머 그것을 이용하게 되었다는 사실은 아기와 대상 사이에 분화 과정이 일어났다는 것을 의미한다.

이 과정의 첫 단계는 대상에게 공격이 가해지는 시기이다. 그때 어머니 본인이나 그녀의 젖가슴이 공격의 대상이 된다. 허기지고 탐욕스러운 아기는 몸을 막 흔들면서 사냥감에 달려들 듯이 가슴에 달려드는 것이다.

> 위니캇은 아기에게 젖을 먹일 생각만 해도 공포에 떠는 한 어머니의 사례를 들었다: 치아를 하나 가지고 태어난 아기에게 처음으로 젖을 주었을 때 깨물렸던 어머니는 그 경험을 다시 하게 될까 두려웠던 것이다.
> "이 낙타 새끼 같으니라고!(고약하다는 의미로 쓰인다-역자 주). 또 다른 어머니도 그녀의 젖가슴이 아기에게 잇몸으로 세게 물리자 비명을 질렀다. 아기의 잇몸에도 힘이 아주 많이 들어 있다.

두 번째 시기는 대상이 살아남는 시기이다. 대상이 공격으로부터 살아남고 파괴되지 않은 것이 중요하다. 아기로부터 분리되고 공격받았지만 파괴되지 않고 살아남은 대상은 비로소 아이에게 외적인 것이 된다.

세 번째 시기는 대상 사용의 시기이다. 앞선 과정을 다 거치고 살아남은 젖가슴은 아기에게 어떤 보복도 가하지 않은 대상이다. 이제 아기는 그것을 침착하게 사용할 수 있다.

아기는 대상을 공격하고, 대상은 그 공격으로부터 살아남는 것이 가장 필수적인 과정인 것이다.

아기와 젖가슴 사이에서 일어나는 영양의 교류는 아기가 그 다음 맺게 되는 모든 관계의 기초가 된다. 거기에 아기가 어머니에게 보내는 시선에 대해서 덧붙이면, 아기는 어머니의 시선에서 동의와 응원을 읽어야 대상을 향해서 나아갈 수 있다.

아기는 아직 그의 것이 되지 않은 대상들과 관계를 맺게 되는데, 그것들은 인형, 애완인형, 어머니가 아이를 먹일 때 쓰는 숟가락, 위니캇이 일부러 아이에게 이용하라고 준 혀누르개 등과 같은 것들이다. 이제 아이는 그것들을 자기의 것으로 삼고자 한다.

물건이나 혀누르개, 애완인형을 바닥에 던진 아기는 그에게 우호적인 환경이 그것을 말없이 줍고 아무런 보복도 돌아오지 않는 것을 보고, 대상이 여전히 존재하고 있는 것을 보게 된다. 그리고 그는 안심을 하면서 그 물건을 가지고 놀고 이용할 수 있게 될 때까지 그 행위를 몇 번이고 반복한다.

아이의 애완인형에 귀가 한쪽이 없어지기는 했지만, 인형은 살아남았고, 아이에게 보복도 가하지 않는다. 그러면 아이는 그 인형을 예뻐하고 아끼게 되는데 여기서 수리(réparation) 욕구의 시초를 볼 수 있다.

대상이 공격으로부터 살아남았다는 것은 대상이 아기의 마법 같은 전지전능함과 통제력에서 벗어나 있다는 사실을 의미한다. 그것은 대상이 외적인 것, 즉 외부에 존재하는 것으로서 아기의 투사의 산물이 아니라는 것을 의미한다.

이렇게 아기는 환상에서 대상을 공격하고, 상상에서 그를 물고 찢고 하면서 외부 현실에서 계속 대상을 누릴 수 있다는 사실을 깨달으며 그의 내면세계를 형성하기 시작한다. 내면 현실과 외부 현실은 동시에 형성되면서, 정신은 아기의 모든 경험들에 동반되는 상상적인 표상들로 인해서 더 풍부해진다.

> 엄마는 마티스(Mathis)에게 벌로 오후 간식을 주지 않으며, 방에서 나오지 말라고 이른다. 화가 난 아이는 원래는 그를 위로하는 대상인 장난감에 화풀이를 하고 베개를 차며 수선을 피운다. 그는 환상 속에서 어머니에게 복수하기 위해서 그가 저지르고 싶은 일들을 상상한다. 그녀의 배를 차고, 머리카락을 잡아당기고 안경을 망가뜨리고. ... 그러다가 슬픔과 후회에 빠져서 곧 진정하게 된다. 그리고 그 순간 엄마가 맛있는 케익 조각 하나를 가지고 방에 들어온다. 이에 마티스는 눈물을 쏟으며 그녀의 품 안으로 뛰어든다. 어머니는 그의 공격으로부터 살아남았고 그에게 보복도 가하지 않았던 것이다.

이 사례에서 우리는 아이가 대상에게 "대상아, 나는 너를 파괴했는데 너는 그럼에도 불구하고 살아남아 주었구나. 그런 이유로 나는 너를 사랑해"[1]라고 말하는 것을 듣는다.

만약 대상이 살아남지 않으면 어떻게 될까?

> 아주 어릴 때 부모에게 버려져 위탁 가정에 맡겨진 살리(Sally)는 그런 경험과 관련된 '무엇인가'를 시도했던 것을 기억한다. 그녀는 역의 벤치에 자신의 애완인형을 '유기'하는 상황을 가장했다. 돌아온 그녀는 벤치에 애완인형이 더 이상 없다는 사실에 매우 놀랐다. 그것을 통해서 그녀는 자신의 애완인형은 그녀의 친어머니처럼 그녀의 마법이 통하는 영역 밖에, 그녀의 전능감이 통하지 않고, 통제력이 발휘되지 않는 영역에 속하는 물건이었다는 사실

1 D. W. Winnicott, La crainte de l' effondrement et autres situations cliniques, Gallimard, 2000, p. 236.

> 을 받아들일 수 있게 되었다. 그녀의 애완인형은 그녀의 내면에 있는 대상이 아니라 모두와 공유하는 객관적 현실에 존재하는 물건이었던 것이다. 그녀는 공격으로부터 살아남지 못한 애완인형을 결국 사용할 수 없게 되었다.
> 그 경험을 통해서 그녀는 애완인형이 자신의 상상의 산물이 아니라 외부 현실에도 확실히 존재하고 있는 물건이었다는 사실을 받아들일 수 있게 되었다. 출입을 전혀 통제할 수 없었던 그녀의 어머니처럼 말이다.

이렇듯 대상에 대한 파괴 행동은 아기의 정신건강에 필수적인 활동이다. 그러나 공격을 받은 대상이 그에 대해 아무런 반응을 보이지 않는다면 의미가 없다. 대상이 아기에게 공격을 받아도 무사한 채, 그에게 보복을 가하지 않는 반응이 꼭 필요하다. 이렇게 하면서 아기는 그런 경험들을 저장하고, 더 풍부하게 한다. 그러나 살리의 사례처럼 대상이 살아남지 못하면 그 대상은 그 사람의 외부 현실에만 존재하는 것으로 된다.

좋은 대상과 나쁜 대상에 대한 아기의 인상은 멜라니 클라인이 생각한 것처럼 아기의 환상에서 비롯되는 것이 아니라 대상의 반응에서 비롯된다. 어린 아이가 엄마에게 "엄마, 나 사탕 줘"라고 요구하는 장면을 상상해보자. 아이의 요구를 들어주는 엄마는 좋은 엄마, 들어주지 않는 엄마는 나쁜 엄마로 경험된다.

중간 대상의 운명

제일 첫 번째 중간 대상이 등장한 다음에도 여러 중간 대상 및 중간 현상들이 그 뒤를 잇게 된다.

가족의 모습이 연상될 만큼 중간 대상의 수가 많은 것도 비교적 흔히 볼 수 있다. 이 사실은 실제 형제나 자매가 현실 세계에서 그리고 상상 영역에서 중간 대상으로서의 기능을 수행하고 있다는 가정을 하게 한다.

아이를 재울 때 그에게 들려주는 옛날이야기도 그와 같은 기능을 수행할 수 있다.

중간 대상은 점진적으로 아이의 관심(에너지의 투입을 의미)을 잃게 되면서, 방치되고, 잊혀지는 것이 본래의 운명이다. 그러나 가끔은 맹목적인 숭배의 대상이 되는 경우도 있다(페티시즘). 그럴 경우 중간 대상은 기호와 상징으로서의 본래의 기능을 잃어버리고 다른 운명을 맞이한다. 케빈의 경우가 그것인데, 청소년이 된 그는 여전히 그의 애완인형을 자신에게서 떼어놓지 못한다.

정상적 발달 상황에서

첫째로, 주체의 관심과 흥미 영역이 점점 넓어지면서 우울한 불안감이 다가오는 상황에서도 그 영역이 유지된다. 그래서 다양한 문화적 취미와 관심을 기른 사람은 우울한 상태가 되어도 거기에서 위안을 받을 수 있다.

둘째로, 중간 대상은 서서히 잊혀지는 것이 아니라 단지 그 기능을 다하면서 의미를 잃는 것이기 때문에 별도의 애도 작업을 필요로 하지 않는다.

그러나 더 분화되고, 폭넓으며, 다양한 중간 현상들은 남아서 문화 경험 전체에서 전개된다. 그런 것들은 아이의 삶에서 펼쳐지다가 나중에는 성인의 삶에서 전개되는 것이다. 그것들은 최초의 에로틱한 성욕으로부터 점진적으로 멀어지면서 새로운 차원을 얻게 되는 것이다.

제 6 장
앞으로 이루어질 존재, 아이

인간의 본질에 대해서 연구했던 위니캇은 프로이트와는 정반대의 길을 걸었다. 프로이트는 신경증에 걸린 성인에서 시작하여 유년기에 도착한다. 그 유명한 어린 한스의 이야기를 살펴보자. 프로이트는 어린 한스[1]를 단 한 번 그가 한참 오이디푸스 콤플렉스를 겪고 있던 시기에 만났다. 아이의 공포증의 심리치료는 프로이트의 지도를 받았던 그의 아버지가 맡게 되었다. 그것은 치료 과정에서 아이와 아이의 육체, 아이의 어머니 또는 아버지와 직접 만나고 대하는 위니캇의 방식과는 사뭇 다르다.

둘째로, 위니캇이 연구와 관찰의 시작점으로 삼았던 시기는 프로이트에게 있어서는 종착점이었다. 프로이트의 발견—무의식, 유아의 성, 욕망과 방어 사이에 생성되는 타협점—을 가설이 아닌 실질적인 지식으로 받아들였던 위니캇은 그래서 아예 더 이른 시기를 시작점으로 잡는다. 그에게는 다섯 살의 어린 아이는 이미 그가 태어나기도 전에 시작된 기나긴 내력을 가지고 있다고 보았기 때문이다.

---

1 지그문트 프로이트는 『정신분석에 관한 다섯 가지 이론』에서 그의 환자 가운데 하나로서 집 밖으로 나가지 않으려고 했던 꼬마 한스에 대해서 이야기한다. 이 사례는 그 다음에 오이디푸스 콤플렉스에 대한 이야기가 나오면 으레 언급되는 이야기가 되었다.

“나는 이제 막 걷기 시작한 아이가 개인 상호간의 관계(interpersonnel)의 의미를 깨닫기 시작하는 단계에 접어드는 첫 성숙의 시기에서 시작하여 ... 보다 더 이전의 시기로 계속해서 거슬러 올라간다. 우리가 엄마의 뱃속에 있는 태아를 인간으로 부르기 시작하는 아주 초기의 그 미지의 단계까지 말이다.”[1]

본래 소아과 의사였던 위니캇은 생의 아주 이른 시기에 달수를 다 채우고 나온 아이나 그러지 못하고 나온 미숙아가 무엇을 어떻게 경험하는 지에 관심을 가졌다.

위니캇의 흥미와 관심을 특별히 더 끌었던 것은 ‘인격의 탄생’의 배경과 조건이 되는 요소들이었다. 아이들이 타고난 것, 즉 유전적인 성향이라는 것은 그 주변 환경과 조건이 이를 뒷받침할 때만 발현될 수 있다. 실제로 환경은 인간의 타고난 기질이나 성향을 방해함으로써 자기(self)가 통합되는 것을 저지할 수 있다. 살이 찌거나 다른 임신 증후들이 나타나는 것을 막으며 임신한 사실을 부정하는 임산부들이 그 좋은 예이다. 아니면 레미처럼 아버지를 방해하지 않기 위해 소리를 내거나 움직이는 것조차 허락되지 않았던 경우도 그렇다고 볼 수 있다.

통합, 이루어지고 있는 과정에 있는 존재의 열쇠

“통합이라는 말은 건강한 개인 안에 있는 발달과 그 발달의 실현에의 성향을 의미한다. 그 발달이 제대로 이루어졌을 때 그 개인은 완전하고 통합된 인격체가 된다. 통합 작업을 시간적인 차원에서 따지는 이유도 여기에 있다.”[2]

---

1 D. W. Winnicott, La nature humaine, Gallimard, 1990, p. 50.

2 D. W. Winnicott, Lettres vives, Gallimard, 1989, lettre 82, 마수드 칸에게 보낸 편지. p. 184..

중간 영역

위니캇은 갓난아기들 중에는 이미 이러한 통합 경험을 한 아기들이 존재한다고 생각했다. 실제로 태아에게 어떤 반응을 불러일으키는 자극들이 존재하며, 태아는 나중에 그에게 핵(核)으로 작용하게 될 장소에 이 자극들을 저장한다. 그래서 우리는 엄마의 뱃속에서 손가락을 빠는 태아의 모습을 쉽게 볼 수 있고, 뱃속에 있을 때부터 들었던 여러 가지 음성 메시지들을 통해서 세상에 나온 아기가 엄마의 목소리는 물론 아빠의 목소리까지 구분할 수 있다.

그러나 앞으로 이루어질 개체를 한 인간으로 만들어주는 기본적인 통합 과정들이 이루어지는 곳은 잠재 공간, 또는 중간 영역이라고 불리는 곳이다. 바로 이 영역에서 언어에 입문하거나 자신의 몸을 발견하는 것처럼 잠재된 것들이 실제화되는 곳이다.

이 과정은 절대적 의존기에 시작되어 아기가 더 적극적으로 자기 삶에 개입할 수 있게 되는 상대적 의존기에 더욱 활발해지며 독립의 시기까지 계속 이어진다.

"통합"이라는 단어는 두 가지 움직임을 연상시킨다; 발달에의 성향과 단일화에의 성향이 그것이다.

위니캇은 초기의 비통합 상태라는 것이 존재한다고 생각하였다. 그는 몸과 정신은 처음에는 연결되지 않은 상태이고 '나 아닌 것' 이 설 자리는 없지만 "인격의 통합에의 성향은 존재하며", 이것은 어쩌면 "인간이 가진 가장 중요한 유산"[1]일지도 모른다고 생각하였다.

---

1 Ibid., p. 251.

자아의 발달은 어떻게 이루어지는가?

자아는 단계적인 과정을 통해서 자기(self)라고 부르는 핵을 다룰 수 있게 된다.

위니캇의 사상에서 자아는 근본적으로 자기와 밀접한 관계를 맺고 있다. 그러나 무엇보다도 먼저 자아는 그보다 더 큰 통합 작용으로 볼 수 있는 정신과 현실 경험의 통합이 일어날 수 있도록 해주는 요소이다.

아이의 성장이 제대로 이루어지고 어머니가 돌보고 있는 대상은 바로 자기 자신이라는 인식이 생기려면 무엇보다도 먼저 아이가 자신의 육체적인 성장 과정을 정신적으로 새길 만큼의 시간이 주어져야 한다. 그런데 확장되는 자아는 새로운 능력을 지니게 된다.

자아는 처음부터 있는 것이 아니라, 우리의 몸, 즉 신체로부터 비롯된다. 아기를 돌보는 행위가 그토록 중요한 것도 바로 이 때문이다. 신체의 발달과 정신의 발달은 같이 가는 것이다.

정신—다시 말해서 주관적 현실—은 신체의 작용에 기인하며, 그 신체의 작용은 주위 사람들의 행동이나 태도(안아주기와 다루기), "말(소문)"과 "암묵적인 내용"의 영향을 받는다. 그 대신 신체의 구조는 아이가 경험하게 되는 언어와 감정으로 채색된 충동 경험에 의해서 다듬어진다.

여기서 이것을 잘 보여주는 그림을 두 점을 소개하겠다. 이 그림들은 세 살이 조금 넘은 여자 아이 둘이 그린 그림으로서, 각각의 아이가 그들의 환경의 대응에 따라 굉장히 다르게 경험한 신체의 작용과 거기에 동반되는 환상적인 정신적 작업[1]이 어떻게 일어나는지를 잘 보여주고 있다.

---

1 perlaboration: 경험들을 통합하고 이들을 다루는 정신, 심리적 작업

카푸친의 그림에서 볼 수 있는 것은 기운이 아주 넘치는 아저씨이다.

명확하게 그은 색깔 윤곽선에서 볼 수 있는 것은 중심 핵에서 분출되는 생명에의 충동이다. 이 아이가 자신을 어떻게 그렸는지를 살펴보면, 정말 흥미로운 점은 실제로 그녀는 심한 곱슬머리라는 것이다. 이것은 곧 정신-신체를 구상할 때 주를 이루는 것은 시각적인 정보/지각이 아니라는 사실을 말해준다.

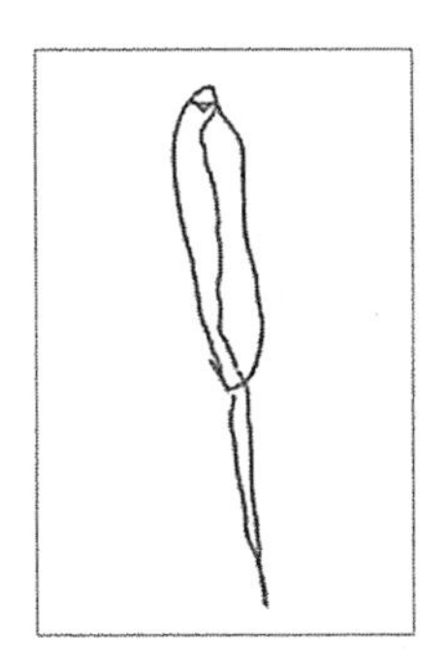

로즈의 그림에서 볼 수 있는 것은 길고 옹색하게 늘어진 몸으로, 눈이 두 개가 아니라 하나의 시선만 그려져 있다.

여기서 우리는 이 눈이라는 기관이 내면 현실과 바깥 현실 사이의 접합부 정도라는 사실을 잘 알 수 있다. 여기서 배는 위니캇의 말을 빌려서 이야기한다면, 음식이 흘러가는 상상적인 경로가 연상되는 하나의 선으로 표현되었다.

우리는 이 두 개의 그림에서 환경이 몸과 신체, 정신 사이의 연결을 통합시키는 요소로 작용하여 아이의 발달에 관여한다는 사실을 볼 수 있다.

카푸친의 그림은 풍요로움이 느껴지는 그림, 그녀의 머리카락에게도 그만의 생명이 있다고 느껴질 정도로 충동적이고 생명력이 가득한 여자 아이의 그림이다. 그녀는 주위 사람들이 말을 많이 걸어주고 자신이 어떤 존재인지를 알아가고 있는 중인 발랄한 아이이다. 그녀는 분명 자신에게는—남들이 알려주었을 것이다—보기 위한 두 눈이 있고, 코는 하나, 음식은 물론 말이 지나가는 입이 있다는 사실을 알고 있을 것이다. 그녀는 자신에게 하나의 얼굴이 있고 그녀가 그 안에서 분명 편안함을 느끼고 있을 몸을 가지고 있다는 사실을 제대로 받아들였을 것이다.

로즈의 그림은 가난하고 옹색하며, 얼굴이 없다. 소통하는 데 필요한 눈이나 입과 같은 감각 기관을 볼 수도 없다. 아이에게 여러 가지를 깨우쳐줄 환경이 제 역할을 충분히 하지 않고 있는 것이 확실하다. 로즈의 그림이 보여주는 것은 그녀가 인식하는 자기 자신과 주위 환경은 음식을 섭취했을 때 느끼는 감각 정도에 한정되어 있다는 사실이다.

통합의 여러 가지 양상

첫 번째 통합은 시간과 공간의 통합으로서, 엄마의 '안아주기'와 밀접하게 관련되어 있다. 아기가 새롭게 습득하게 된 이 통합은 그가 과거와 현재, 미래를 연결해서 생각하게 만들 새로운 가능성을 낳는다. 예를 들면 낮과 밤이 연결된다는 사실이나 전 날의 경험과 오늘의 경험이 낳은 결과 같은 것들이다. 또 감정과 몸을 연결하고, 서로 반대되는 감정들을 연결한다.

두 번째 통합은 위니캇이 개인화라고 부른 정신-신체의 응집을 가리킨다. 이 통합에는 어머니의 '안아주기', 즉 아이가 물리적으로 어떻게 다루어지느냐가 중요한 역할을 한다. 정신과 신체가 연결되어 있다는 것을 느낌으로써 아이는 자신의 몸을 지배하고 통제할 것을 포기하고 편안하게 잠들 수 있게 된다. 여기서 그는 비록 일시적이라고는 하나 초기의 비통합 상태로 돌아가는 것을 받아들일 수 있어야 한다.

개인화는 "갓난아기의 인격이 자신의 몸과 몸의 여러 기능과 연결되기 시작하는" 과정이다. 모든 것이 순조롭게 진행되었을 때 피부의 경계를 이루는 막으로서 인식된다. 우리가 "우리 살 안에 잘 있어"라는 표현을 쓸 때 받는 느낌이 "몸 안에 있는 인격/자기 자신"에 대해서 느끼는 기분이다.

위니캇은 "개인화란 몸 안에 정신이 거주하는 것을 의미한다"라고 말한다.

하나는 개인적인 것으로, 그 원천이 되는 것은 일시적 충동, 육체적인 성욕, 피부로부터 전해져 오는 감각과 그 사람의 전부를 끌어들이는 충동이다. 또 하나는 환경으로부터 오며 갓난아기의 충동적인 욕구와 그에 맞게 그의 몸을 다루는 방식에서 온다.

세 번째 통합 양상은 세상과 맺는 관계와 관련되며 위니캇은 이를 실현(實現)이라고 불렀다. 이것은 어머니가 생의 초기 대상을 소개하는 것의 연장선 위에 있다.

앞의 두 개의 통합이 이미 이루어졌다는 시점에서 시작하자. 아이는 이제 점차 자신의 몸 안에서 일어나는 충동의 위치를 추

적할 수 있게 될 것이다—사실 이것은 당연히 저절로 이루어지는 것이 결코 아니다—아이는 이제 자신의 느낌과 감정을 생각, 이미지, 꿈, 공격성, 경험을 넣을 수 있는 공간을 가지게 되었다는 것을 의미한다.

근래 들어서 학교를 다니기 시작한 카푸친이 바로 그러한 경우이다. 거기서 그녀는 가족과 있을 때보다 더 넓어진 관계에 있고, 덜 보호적인 관계를 경험하고 있다: 제롬은 그녀의 머리카락을 잡아당기고, 카롤린은 그녀의 애인을 빼앗으려고 한다. 그녀는 이제 자신의 영역을 보호해야 하는 상황에 처한 것이다. 또한 톰과 줄리앙은 그녀에게 뽀뽀를 하고 싶어 한다... 여러 흥분 상황을 경험하고 있는 그녀는 그 경험들을 적절한 곳에 배치하는 것을 배우게 될 것이다. 화, 질투, 속상함 등과 애정어린 감정은 그녀의 내면에 배치하고, 제롬을 때리거나 애인을 붙잡으려고 할 때의 감정은 바깥에 배치하는 것이다.

통합, 존재한다는 느낌의 요건

처음에 아이는 본능적인 힘들을 바깥의 것으로 인식한다. 그래서 자신이 느끼는 분노와 질투가 실제로는 자신의 것임을 깨닫는 것은 아주 큰 수확이다. 그런데 아이는 자신의 중간 영역에서 이 감정들을 다루고 경험하는 것을 통해서 위의 사실을 발견한다.

이렇게 아이는 자신의 충동적 경험, 분노, 절망, 후회, 속상함 등을 통해서 보다 풍요로워지며 이들을 자신 안에 수용하는 것을 배우며 자아를 강화시킨다. 그 덕에 그는 자기 몸 안에서 느끼는 것들을 어떤 이미지나 생각과 연결할 수 있게 되고 이것들을 놀이나 단어, 새로운 것으로 변환시킨다. 이타적인 태도를 발견하는 것이다.

자아를 조직할 수 있게 되면서 아이는 욕구 불만에 기인된 분노가 내포된 분노나 약동 같은 것을 느끼게 된다. 이는 자아를 강화시키며, 나와 나 아닌 것의 구분을 더욱 뚜렷하게 한다.

> 네 살 된 줄리엣(Juliette)은 자신이 키우는 개를 화제로 삼으며 가장 친한 친구 레아와 이야기를 나눈다. "개들은 하얘." 이웃집에서 키우는 개인 뽕뽕이가 하얀 개이기 때문이다. 이에 레아는 "아니야, 개에 따라서 이런 색깔의 개도 있고 저런 색깔의 개도 있어"라고 대답한다. 이에 줄리엣은 화를 내고 두 소녀는 서로 언성을 높이며 말다툼을 하다가 레아가 아버지를 불러 논쟁을 끝내려 한다. 두 소녀의 이야기를 들은 레아의 아버지는 "네 말이 맞다, 개도 사람들처럼 다양한 색깔을 하고 있다"고 대답한다. 삐진 줄리엣은 정원 한 구석으로 가서 그 감정을 삭힌다. 십분 뒤 그녀는 아무 일도 일어나지 않았던 것처럼 레아와 함께 부엌에서 간식을 먹는다.

그러나 그날 저녁 돌아와서 엄마에게 줄리엣은 "엄마 있지, 뽕뽕이처럼 하얀 개도 있고, 색깔이 다른 개들도 있어"라고 말해준다.

자신이 틀렸다는 사실에 줄리엣은 처음에는 실망한다. 그러나 그 감정을 충분히 경험할 시간을 가진 그녀는 그것에 대해 생각하고 그녀의 현실은 존재하며—개는 하얀 색일 수 있다—또 다른 현실과 공존한다는 생각—다른 색깔일 수도 있다—을 받아들일 수 있게 된다.

물리적 작용의 상상적인 정신작업인 정신- 아이가 경험하고 그에 대해서 아이가 의식한 것들을 이어준다.

비통합과 해체

이 두 개의 표현은 서로 다른 현실을 다루는 것이기 때문에 혼동해서는 안 된다.

비통합은 통합을 가능하게 만드는 전 단계에 해당되는 단계로서 방어적인 상태가 아니다. 엄마를 신뢰하며 그를 더욱 발달시켜줄 내적, 외적 자극들을 받아들일 준비가 되어 있는 아기의 상태가 바로 비통합 상태인 것이다. 이러한 "아직 통합되지 않은" 상태에서 젖먹이는 휴식을 취하며, 앞으로 일어날 일을 맞이할 상태로 있거나 수면을 취하고 창조를 한다. 정원에 있는 참나무 밑 요람에 앉아서 나뭇잎들이 움직이는 것을 바라보고, 새들이 노래하는 것을 들으며, 새를 노리고 있는 고양이의 움직임을 관찰하는 아기와 같다.

> 해체는 반신불수가 된 자클린이 겪은 것과 같은 것이다. 정신을 차린 그녀가 깨어나면서 한 말은 "무슨 일이 일어났다는 것은 알았는데, 그것이 자신에게 일어난 일이었는지는 몰랐다."

뇌졸증이 그녀를 덮쳤던 순간 그녀 안에서 정신과 신체 사이의 연결이 깨어졌다. 해체는 연결의 상실을 의미한다.

제 7장
건강의 열쇠는 충동이다.

위니캇의 글에서 '정상적인 아이'와 '건강한 아이'라는 두 개의 표현이 자주 눈에 띈다. 그 글의 주제가 어떤 것이든 그는 이런 질문을 던진다: '보통 아이는 충분히 좋은 환경에서 어떻게 반응하는가?'

'정상적인 아이란?'

어떤 아이의 태도를 두고 '정상'이다, 아니다를 이야기할 때 참고 기준으로 삼는 것은 나이이다. '상대적으로 건강한' 어린 아이의 성숙도는 그 나이에 비례한다.

한때 정상적이었던 것도 나중에 가서는 그렇지 않은 것이 된다. 어린 아이가 엄마의 물건을 가져가는 것은 지극히 정상적인 성향으로, 우리는 결코 이것을 도둑질이라고 여기지 않는다. 아이가 어머니에게 권리를 가지고 있다고 여기는 것을 의미할 뿐이다.

이러한 사실을 제외하고도 정상적인 것으로 볼 수 있는 아이의 행동은 또 있다. 바로 힘든 순간이나 힘든 시기에 퇴행을 하는 것이다. 다시 말해서, 아이가 다시 안심하고 자신감을 얻기 위한 시간을 갖는 것은 모두 정상이라는 것이다. 조금 전 넘어져서 아파하고 있는 다섯 살 마르탱이 18개월 된 아기처럼 울면서 자기 젖병을 찾고, 자기가 좋아하는 인형에게 달려가는 모습은 결코 놀라운 것이 아니다.

퇴행은 병적인 것이 아니고, '나쁜' 것이 아니다. 퇴행은 일시적으로 이전의 상태, 즉 아이가 앞으로 자신에게 닥칠 경험들을 수용하고 통합하는 단계인 비통합 상태로 돌아가게 하기 때문에 유용한 것이라고 볼 수 있다.

성인의 삶에는 도저히 피할 수 없고, 비록 힘든 것이기는 하지만 결국 정상적인 위기 상황이 되는 상황들이 여러 번 찾아온다. 그때 우리는 퇴행을 통해서 다시 안정감을 찾고 진정한 뒤 그 상황을 극복하게 된다. 어머니를 잃은 한 여성은 자신의 어릴 적 인형을 다시 찾아서 그것을 품에 안는다. 스트레스 상황에 처한 또 다른 사람은 담배를 피우거나 단 것을 찾는다. 그런가하면 아주 요란한 소리(빠는 소리)를 내며 파이프 담배를 피우는 사람들도 있다. 그도 아니면 자신의 삶 자체에 긴장을 풀거나 휴식을 취하는 시간을 집어넣는 사람도 있다... 그 외에도 우리 모두는 수면을 취할 필요성을 갖고 있다.

충동이란 무엇인가?[1]

충동이란—성적일 수도 있고 공격적일 수도 있다—아이가 몇 살이건 간에 그 삶에 생명력을 불어넣어주는 강력한 생물학적인

1 D. W. Winnicott, La nature humaine, Gallimard, 1990, p. 57.

힘에 붙인 이름이다. 그리고 이 힘은 행동을 유발한다.

그러나 이를 위해서는 충동을 수용하고 타협할 수 있는, 충분히 발달한 자아가 있어야 한다. 세 살 된 뽈(Paul)이 피에르(Pierre)를 때리고 나서 아무렇지도 않게 "피에르가 나를 때렸어"라고 아주 자연스럽고 거짓 없이 말할 수 있는 것도 몸과 마음이 서로 연결되었다는 사실을 아직 인식하지 못한 아이가 거울 효과로 인해 자신과 남을 혼동하고 있기 때문이다. 그래서 '누가 누구를 때린 것인지'가 불명확하게 다가오는 것이다.

위니캇은 충동이 하나인지 둘인지, 아니면 그보다 더 많은지에 신경 쓰지 않았다. 그 수를 안다는 것은 별로 의미 있는 것으로 보지 않았던 것이다.

그에게 의미가 있던 것은 다음의 사실들이다.

- 첫째로, 전반적인 흥분은 아이가 자신의 전일성—몸과 정신의 결합—을 느끼게 하는 데 기여를 한다.

- 둘째로, '몸의 움직임, 작동에 대한 상상적인 착상'[1]이 존재하며, 이는 정신을 구성한다.

- 마지막으로, 여기서도 환경의 대응과 보조, 지지가 필수적이라는 점이다. 위의 두 가지가 제대로 이뤄지려면 환경이 아이가 자신의 충동을 억압하거나, 반대로 무한히 펼쳐지도록 놓아두지 않고, 이를 잘 다룰 수 있게 해야 한다.

그래서 위니캇은 부모와 교육자들에게 이렇게 말했다:

"부모를 믿고 신뢰하는 정상적인 아이는 자신이 시도할 수 있는 것을 전부 해본다. 성장하는 과정에서 자신이 가진 능력들—무엇인가를 깨뜨리고 파괴하는 능력, 겁을 주는 능력, 물건이나 사람을 사용하고 낭비하고 빼앗고 도용하는 능력—을 마음껏 펼치고 실험한다. 어떤 사람을 법정(또는 정신병동)에 서게 만든

---

1 Ibid., p. 32.

행위를 잘 살펴보면, 그것이 유년기에 그가 가족과의 관계에서 보였던, 그 당시에는 정상적인 것에 해당되었던 행위와 유사한 것을 볼 수 있다. 가족에게 공격을 가하며 이를 파괴하려는 아이의 시도에 가족이 맞서서 무너지지 않고 이를 견뎌내고 '살아남는다면', 아이는 비로소 놀 수 있게 된다. ... 아이가 자유롭다고 느끼고, 진정한 의미에서 잘 놀 수 있기 위해서는 먼저 어떤 틀, 울타리의 존재를 아이가 느낄 수 있어야만 한다. 아무런 염려도 할 필요가 없는 상태를 느낄 필요가 있다는 것이다."[1]

이렇게 위니캇의 입장은 모든 사람은 자신에게 주어진 세계에서 자신의 충동들을 안고 살아갈 수 있는 각자만의 방법을 개발해야 하며, 이는 결코 쉽지 않은 작업이 아니라고 보는 것이다.[2] 아기들에게 있어서, 그들의 욕구와 감정은 엄청나게 강하다.

> 이브(Eve)는 문 옆에 일곱 살 된 루이(Louis)와 세 살 된 샤를르(Charles)를 두고 화장실에 들어갔다. 이브는 루이에게 샤를르를 맡기면서 얌전하게 있으라고 하였다. 그러나 5분도 채 되지 않아, 엄마를 지나치게 좋아하고, 전능감에 가득 차 있던 샤를르는 화장실에 들어가지 못하게 하는 루이를 향해서 "엄마는 내꺼야"라고 소리를 지르면서 화장실문을 심하게 두드렸다.

샤를르가 여기에서 말하는 것은 자신이 엄마를 만들었기 때문에 자신에게 엄마에 대한 권리가 있다는 것이었다. 그의 생각에 문을 두드리는 행동으로 표출된 그의 충동은 충분히 논리적인 것이다.

---

1 D. W. Winnicott, Déprivation et délinquance, Payot, 1994, p. 139.

2 "어린아이들은 고통에 대해서 그들 나름대로 대처하는 방식이 있다." D. W. Winnicott, L'enfant et sa famille, Payot et Rivage, 2002, p. 75.

모든 아이는 세계를 새로 창조하면서 태어난다. 그들이 태어나기 전에 이 세상에는 오직 외로움만이 있었기 때문이다.

아이들의 어려움은 어디에서 오는가?

어떤 아이들은 신체적으로 건강함에도 불구하고 어려움을 겪을 수 있다. 그들이 살아야 하는 세상이 사람들로 이루어진 사회이기 때문이다.

충동의 폭력성

어린아이가 겪는 어려움은 제일 먼저 인간의 충동이 매우 강력하다는 사실에서 온다.

> 두 살 반 된 카트린(Catherine)은 바닥에 떨어져서 부스러진 케익을 집어들고 입에 가져갔을 때, 엄마가 그것을 빼앗자 너무 화가 나서 멍해졌다.

우리는 이 사례를 통해서 충동이 어느 순간에 폭력적으로 변하는지를 알 수 있다. 하지만 부모들은 아이들이 내는 비명소리, 물리적인 행동, 신체적 반응들 앞에서 때때로 무력감을 느끼게 된다.

현실의 충격

어려움은 두 가지 현실—다른 사람과 공유하는 외적 현실과 각각의 아이들의 개인적이고 내적인 현실—사이에서 이루어지는 근본적인 만남에서 나온다. 아무런 중간 과정을 거치지 않고 이 현실에서 저 현실로 넘어가는 것은 아이에게 불가능한 일이다. 아이(infans: 이 단어에서 위니캇은 '아이' infant라는 의미와 '환상 속' in- fant이라는 의미 두 가지를 제시하고 있다-역자 주)는 그의 필요를 전적으로 충족시키는 어머니의 적응 덕분에 내적 현실에서 전능감을 경험한다. 그러다가 다른 대상이나 사물들이 사실은 자신과 상관없이 독립적으로 존재한다는 사실을 깨달았을 때 크게 실망한다. 그렇기 때문에 외부 현실과의 충돌이 너무 커서 아이가 스스로를 고립시키는 태도를 취하는 것을 피해야 한다.

그리하여 카트린의 어머니는 딸이 자기 안에 있는 충동을 다스릴 수 있게 도와줌으로써 딸이 현실을 단계적으로 직시하며, 그것과 직면할 수 있게 해준다. 예를 들어 그녀는 적당히 질린 표정을 지으며 "그건 더러운 거야!"라고 말할 것이다. 여기서 목적은 모든 것을 금지시키는 데에 있지 않고, 조금씩 (보호하기 위한) 한계선을 분명하게 그어주는 데에 있다. 충분히 좋은 엄마로서의 그녀는 분명 딸에게 가장 적합한 방법을 찾을 수 있을 것이다.

공격성의 발견

그 다음 어려움은 아이가 자신의 공격성을 발견하는 데서 온다.

배고픔을 느낄 때 아기는 자신을 먹이를 찾으러 나선 굶주린 늑대처럼 느끼게 된다. 실제로 모든 아이 안에는 원초적인 공격성 같은 것이 있는데, 그것은 인간이 먹이를 찾으러 다니던 시절의 동물적인 본능의 잔재 같은 것이다. 그리고 원초적인 사랑과 밀접하게 연결되어 있는 그 공격성은 우리에게 다른 사람과 관계를 맺도록 부추긴다.

엄마의 젖이나 엄마가 주는 젖병을 빠는 사납고 가차 없는 아기는 자신에게 주어진 음식이나 그것을 주는 사람들, 즉 모든 '좋은 것들을' 파괴하려는 욕구를 느낄 수 있다. 자신으로부터 나왔다고 여겼던 모성적 돌봄 뒤에는 사실 누군가(엄마)가 있었다는 사실을 점차 깨닫는 아이에게 그런 파괴 욕구는 굉장히 공포스럽게 다가온다. 그러면서도 아기는 젖을 먹을 때 그에게 이용되기 위해서만 존재하는 그 누군가(엄마)를 굉장히 사랑하게 된다.

이러한 발견을 하게 된 아이는 그것을 통해서 슬픔이라는 감정을 접하게 되는데, 그것은 그의 정서 발달이 건강하게 이루어졌다는 것을 보여주기도 한다. 그리고 더 나아가 그 아이에게는 이제 자신이 파괴했을지도 모르는(파괴했다고 의심되는) 어머니를 고치려는 욕구가 생긴다.

내적 세계의 창조

여기서 어려움은 아이가 만들기 시작하는 세계가 마법과 전능감이 지배하는 세계라는 사실에서 온다. 아이는 그 세계가 자기 몸 안에 위치한다고 생각하나, 그것을 명백한 사실이라고 보기는 어렵다. 그럼에도 불구하고, 그러한 이유로 당연히 몸이 연루되리라는 예측은 쉽게 할 수 있다. 그래서 내적 세계에서는 긴장과 갈등에 온갖 통증이나 육체적 증상이 동반될 수 있다. 아이에게 있어서 어머니의 존재와 그녀가 그를 위해서 하는 모든 것들은 음식과 함께 아이의 몸 안에서 동화된다.

"몸의 건강은 ... 환상으로 표현되며 그와 동시에 육체적 형태로도 체감된다. ... 가령 죄책감을 느낄 때 그것이 구토라는 형태로 표현되거나 토하는 행위를 내면에 있는 비밀스러운 '자기'의 배신으로, 즉 재난으로 느낄 수 있다."[1]

그래서 중년의 나이에 이른 니콜은 여전히 토하는 행위를 재난으로 느낀다. 또한 불안을 느끼는 어떤 아이는 학교 가기 전에 배가 아파 오는 경험을 할 것이다. 자신의 슬픔을 뱃속에 수용했던 성인은—위니캇에 따르면, "거꾸로 누워 있는 젖병의 형태와 비슷한 형상을 한"[2]—초기의 애착 관계를 떠올리기라도 하면 뱃속에 화상을 입은 것과 같은 통증을 느낄 것이다.

어려움을 어떻게 극복할 수 있을까?

아이, 더 보편적으로 인간은 현실에 적응하기 위해서 예상하지 못한 것과 마주칠 때 그것을 받아들이며, 그것을 수용 가능한 것으로 변화시키고, 더 나아가 즐거움의 원천으로 만들 수 있는 능력을 길러야 한다. 그런 이유로 해서 충동이나 공격적인 감정을 없애려고 하기보다는 그것들을 잘 다룰 수 있는 방법을 찾는 것이 더 바람직하다.

---

1 La nature humaine, Gallimard, 1990, p.127.

2 L' enfant et sa famille, p.43.

정상적인 아이에게는 불안이나 견디기 어려운 갈등들로부터 자신을 보호하기 위해서 자신에게 있는 모든 수단을 동원할 수 있는 능력이 있다.

> 일곱 살 먹은 여자아이인 자닌(Janine)은 밤에 절대 혼자 자려고 하지 않는다. 한 밤중에 일어나 부모님 침대를 찾았다가 쫓겨난 잔닌은 그대로 오빠의 침대로 발길을 돌린다. 어머니는 딸의 두려움을 없애보려고 온갖 방법을 시도해보지만 아무 소용이 없다. 그러던 어느 날 엄마와 함께 장난감 곁을 지나치던 잔닌의 눈에 형광색 머리를 한 바비 인형이 눈에 띄었다. 그 인형을 선물받은 잔닌은 그것을 자기 침대 머리맡에 두었고, 그 후로 어두운 곳에서 빛을 발하는 바비 인형의 머리카락 덕분에 더 이상 밤에 혼자 자는 것을 두려워하지 않게 되었다. 어머니의 사랑에 기대어 그녀는 자신만의 해결책을 발견할 수 있었다.

증상

어려움에 맞닥뜨린 아이가 그것을 극복하기 위해서 쓸 수 있는 첫 번째 수단은 증상이다.

증상의 근원에는 충동과 그 충동을 억누르려는 힘 사이의 갈등이 존재한다. 증상은 한 가지 표현(=증상) 안에서 동시에 만족을 얻으려는 상반되는 두 힘 사이의 타협이자 해결책이다.

건강한 아이도 상황에 따라서 다양한 증상을 보일 수 있다. 위니캇이 정상적인 아이에게도 증상이 일시적으로 나타나는 것을 관찰했던 것도 바로 그런 이유 때문이다. 누구는 밤에 침대에 오줌을 누거나 손톱을 물어뜯을 수도 있고, 다른 누구는 악몽을 꾸고 도둑질을 하거나 충동적으로 음식에 달려들 수도 있다. 또 다른 아이는 그가 지나가는 길에 있는 물건들은 전부 때려 부수거나 더럽힐 수도 있다. ... 그리고 그러한 행동들은 잠시 지속되다가 없어진다.

위니캇은 유뇨증을 증상으로 보기보다는 너무 엄격한 권위에 대한 항의의 표현으로 보는 것이 더 옳다고 생각했다. 그것은 "아이가 위협받고 있는 자신의 개인성(individualité)을 그래도 유지할 수 있다고 기대하는"[1] 신호로서, 아이가 거세 불안에 대한 방어로 "나는 페니스를 가지고 있고, 이건 내 꺼야"라고 주장하는 것과 같다고 보았다. 그리고 음식을 거부하는 행위에 대해서 말하자면, 갓난아기가 음식을 언제나 좋은 것으로 받아들이지 못하거나, 그에게 "좋은 음식을 받을 자격"[2]이 있다고 느끼지는 못한다. 우리는 이런 모습을 종종 나이 든 사람에게서 발견하기도 한다.

하지만 사람들이 첫째로 아이에게 시간을 충분히 주고, 둘째로 평범하게 좋은 돌봄을 제공한다면, 아이는 증상을 버리고 다른 방법들을 이용해서 자신을 주장할 수 있게 될 것이다.

증상의 정상, 비정상 여부는 그 증상을 '사용'하는 아이의 태도에 달려 있다. 증상을 사용하는 데 있어서 아이가 억제되어 있고 경직된 태도를 보인다면, 그것은 비정상의 범주에 속한다고 볼 수 있다. 엄마의 주의를 끄는 증상은 잠시 생겼다가 그대로 사라지는 증상이 아니라, 고정된 것으로 자리를 잡은 증상이다. 그러나 사탕을 훔친다든지 잼 병에 손가락을 집어넣는 정도의 행위를 가지고 걱정할 필요는 없다.

환자를 곤경에 빠뜨리는 것은 증상 자체가 아니다. 그를 곤란

---

1 Ibid., p. 163.
2 Ibid., p. 164.

하게 하는 것은 증상이 제 역할—불안이나 긴장을 덜어주는—을 하지 못하는 것이고, 그것이 아이 자신은 물론이고 어머니에게까지 해를 끼친다는 점이다.

놀이와 창의성

어려움에 맞서기 위해서 아이가 사용할 수 있는 두 번째 수단은 놀이, 정확하게 말해서 놀 수 있는 능력이다.

아이가 제대로 놀기만 한다면, 그에게 증상이 하나나 둘이 있든 크게 걱정을 할 필요는 없다는 것이 위니캇의 생각이었다. 침대에 오줌을 싸거나, 말을 더듬거나, 분노 표출을 심하게 하는 일이 있더라도 중요한 것은 놀 수 있는 능력을 간직한다는 점이다.

아이가 놀 수 있다는 의미는, 그에게 균형 잡힌 충분히 좋은 환경만 제공된다면, 그가 자신에게 맞는 삶의 방식을 개발하여 온전한 인간으로 성장할 수 있는 능력을 가지고 있다는 것을 의미한다. 그렇게 그는 사랑과 증오라는 두 가지 감정을 다 간직한 채로 있는 그대로의 모습으로 주변 사람들로부터 사랑을 받고 인정을 받게 된다.

정상적인 아이는 창조적이고 상상력이 풍부하며, 세상을 향해 여러 가지 시도를 하면서 외부 현실에 있는 사물과 대상들을 변환시키면서 자신의 내적 세계에서도 그것들을 사용한다.

놀이에는 환상(illusion)적인 차원을 포함하는데, 이 차원이 있기 때문에 아이는 외부 현실과의 접촉이 가능하게 된다. "꿈이 가진 강력한 힘을 그대로 간직하고 있으면서 세상을 사용하는 행위인 놀이야말로 아이의 삶을 대표하는 활동이다."[1]

1 D. W. Winnicott, Jeu et réalité, Gallimard, 1975, ch. III, p. 50ff.

지적 작업

아이가 불안을 이기고 긴장과 타협할 수 있게 도와주는 세 번째 수단은 지적 고찰이다.

아이는 이야기를 만들면서 세상을 재창조하기도 하고, 새로운 놀이 같은 것을 개발하며, 무엇인가를 이해하기 위해서 책을 읽기도 한다. ...

정상적인 아이는 생각을 통해서 결핍을 메움으로써 결핍된 환경을 만족스러운 환경으로 바꾸려고 애쓴다.

아이의 욕구들

위니캇은 욕구(besoin)와 욕망(désir), 욕구와 충동(pulsion) 사이를 명확하게 구별하면서, 다른 정신분석가들이 그렇게 하지 않는 것에 많은 불편을 느꼈다.

아이의 초기의 삶은 충동의 만족의 문제가 아니다. “의존이라는 개념은 ‘욕구’에 의해서 정의되기 때문이다.” 신체적 욕구뿐만 아니라 정신적 욕구까지 포함된 욕구 말이다.

충동은 ‘욕구’와 관계가 있다. 정상적인 아이는 그 자신의 존재를 실감할 욕구를 느끼기 때문이다. 아이는 화가 날 때 그 자신이 실제 존재하고 있음을 느낀다. 자신도 한 개인임을, 한 사람임을 그때 실감하게 되는 것이다.

아무것도 믿지 못하게 된 아기는 화도 내지 않고, 아무것도 욕망하지 않으며, 단지 슬프게 체념한 듯이 울기만 한다. 아기가 화가 나서 운다는 것은 아직 엄마를 믿고 있고, 그래서 그녀를 (자신에게 맞게) 변화시킬 수 있다고 기대하고 있다는 것을 의미한다.

제대로 표출되고, 통합된 충동은 아이가 자신의 존재를 실감할 수 있도록 해주며, 그의 대인 관계(그리고 그 외)에도 영향을 미친다.

> 여섯 살 먹은 올리비에(Olivier)는 학교 운동장에서 친구들과 술래잡기 놀이를 하고 있다. 그는 다른 친구를 잡아서 얼른 술래라는 어려운 역할에서 벗어나려 한다. 순발력이 부족한 그는 곧 짜증이 나면서 자신의 무능력함에 분노가 치밀어 오르는 것을 느끼기 시작했다. 그는 다른 친구들이 비웃는 가운데 운동장 한가운데서 소리를 크게 지르며 땅바닥을 발로 찬 뒤, 분노에 힘입어 자신이 강하다고 느끼며 진정을 하게 된다. 그리고 그 뒤 다른 친구를 잡아 그를 술래로 만드는 데 성공한다.

이렇게 자신의 분노를 표출할 용기를 냈던 올리비에는 자신의 존재를 실감하고, 자신이 온전한 자신의 일체성을 느낄 수 있었다. 거기에 친구 사브리나(Sabrina)에게 좋은 인상까지 남겨서 그녀에게 박수를 받았다.

공격성과 파괴성

공격성은 인간에게 내재된 것이다. 아기가 태어날 때부터 그의 정신구조에 자리하고 있는 것이다. 그것은 생명력(élan vital)의

한 뿌리이기도 하며, 생명 충동의 한 측면이다. 위니캇은 공격성은 인간의 삶에서 아주 넓은 부분을 이루는 건설적인 측면을 갖고 있다고 보았다. 이쯤에서 공격성(agressivité)이라는 말은 "어디를 향해 걷다, 나아가다"라는 의미를 가진 라틴어 agredior에서 왔다는 사실을 다시 한 번 상기해볼 필요가 있다.

파괴성은 아이가 대상을 형성하는 데 있어서 긍정적인 역할을 하기 때문에 건강한 아이는 자기 안에 있는 파괴성을 표출할 필요가 있는 것이다.

"사람에게 분노를 일으키고 파괴적인 반응을 끌어내는 것은 바깥 현실, 즉 현실 원리와의 만남이라는 사실은 거의 기정사실처럼 받아들여진다. 전통적인 이론에서도 공격성을 현실 원리와의 조우에서 비롯된 결과로 생각한다. 그러나 사실 외적 상황의 질(質)을 결정하고 그 상황을 만드는 것은 충동이다. 나의 주장의 핵심은 공격성이 대상을 낳는다는 사실이다."[1]

"위니캇이 여기에서 말하고 있는 '대상의 파괴' 에서 우리는 분노라는 감정을 말할 수는 없다. 그러나 우리는 그 대상이 '살아남았을 때', 기쁨이라는 감정을 말할 수 있다."[2]

분노는 이것과는 전혀 다른 것이다. 분노는 좌절로부터 나오는 것이기 때문이다.

현실 원리와의 만남으로 인해 발생하는 상대적인 분노는 파괴성보다 위에 있는 개념이다.

그 외에도 아기가 인간으로서의 자신을 형성해나가는 것도 운동성과 관련된 공격성 덕분이다. 태아가 엄마의 뱃속에서 발길질하는 동력원이 되는 것도 바로 이 공격성이다. ... 거기에는

1 D. W. Winnicott, L' enfant et le monde extérieur, Payot, 1992, p. 130.
2 D. W. Winnicott, Jeu et réalité, Gallimard, 1975, p. 130.

아무런 의도도 없고, 단지 (에너지의) 배출만이 있을 뿐이다. 인간이 직립하게 된 것도 모두 공격성에서 나온 것이다.

슬픔의 필요성

아기들은—더 큰 아이들도—울어야 한다. 아이들에게 모든 신체적 활동은 좋은 것이기 때문이다. 아기들에게 지금 그들이 자신의 폐를 사용한다는 느낌을 주는 울음은 그들에게 만족감을 주는 울음이다. 그때 그는 그렇게 소리낼 수 있는 능력을 인식하고 파악하게 된다.

속상해서 내는 울음은 슬픈 노래처럼 느껴지기도 한다. "그 울음에는 어떤 선율이 들어 있다."[1] 관찰력이 좋은 엄마들은 종종 그렇게 말하기도 한다. 그런 일은 집단에서도 종종 관찰할 수 있다.

> 보육사인 나딘(Nadine)은 낮잠을 잘 시간이 될 때, 자기가 맡은 아이들을 방에서 재운다. 모든 아이들이 조용해진 뒤 방문을 닫는 순간 페르방슈(Pervenche)가 울기 시작한다. 그러자 그녀 옆에 있었던 마르그리뜨(Marguerite)도 훌쩍거리기 시작하더니 곧 울음을 터뜨린다. 이에 페르방슈는 갑자기 크게 웃더니 울음을 그친다.

페르방슈의 울음이 그친 이유는 의식을 못했지만 마르그리뜨의 울음소리에서 자신이 내는 울음소리와 같은 음을 발견했기 때문이다.

---

1 L' enfant et sa famille, p. 69.

슬퍼서 우는 울음은 육체적으로나 심리적으로나 건강한 울음이다.

슬퍼서 우는 아기는 울음 자체에서 기분전환을 맛볼 수 있다. 슬픔을 죽이기 위해 지쳐 잠들 때까지 그는 자신이 내는 다양한 톤의 울음소리를 들으며 그것들을 개발할 수 있다.

공격성의 단계로부터 관심의 단계로

대상과 관계를 맺게 되는 데까지 거쳐야 하는 단계들 중에서 아주 중요한 단계가 하나 있다. 그것은 우울 단계로서, 6~24개월에 걸친 기간이 이 시기에 해당된다. 위니캇은 우울과 거기에 동반되는 죄책감의 긍정적인 측면을 강조하기 위해서 이 시기를 우울 단계보다는 관심의 단계로 표현하는 것이 좋다고 보았다.

그는 아기가 5개월 정도가 되면 눈에 들어오는 물건을 잡고 그것을 입으로 가져가는 것을 관찰했다. 그 전까지의 아기는 그럴 수 있는 신체 능력이 없었지만, 이제는 그런 능력을 갖고 있다. 그런 아기가 자신이 잡은 물건을 이번에는 떨어뜨리면서 '노는' 것을 할 수 있게 되기까지는 평균 6개월 정도 걸린다. 떨어뜨린 물건을 어머니가 주워주면 아기는 다시 그것을 떨어뜨리며 그 '놀이'를 반복한다. 그런 행동을 통해서 아기는 그가 원하는 것을 얻은 다음에는 그 물건을 얼마든지 다시 버릴 수 있다는 사실을 알고 있음을 보여준다. 물건(대상)은 자신과 상관없이 존재한다는 사실을 파악하게 된 것이다.

아기는 이제 '안'이란 것이 존재하며 사물이나 상황, 사람은 바깥에서 온다는 사실을 알고 있다는 사실을 놀이를 통해서 나타낼 수 있게 된다.

같은 맥락에서 아기는 어머니에게도 '안'이 있고 그 안은 풍요롭거나 빈약하거나, 좋거나 나쁘거나, 정돈되거나 어지러운 곳일 수도 있다는 사실을 안다. 그 결과 그는 이제 그녀의 정신건강 상태나 기분 등에 신경을 쓰게 된다.

여기까지 위니캇은 정상적인 아이는 어머니와 '무자비한' 관계를 맺는 것을 즐기며 놀이에서 특히 그런 면모가 드러나는 것을 관찰하였다. 자기의 생각이나 행동들이 어머니에게 어떠한 영향을 끼치는지에 대해서 신경을 쓰지 않던 시절의 아이는 무자비하게 행동할 수 있었다. 그러나 그러한 놀이가 없이는 그는 그의 잔인한 자기(self)를 감추며 해리 상태에서 그 자기에 생명력을 불어넣을 수밖에 없다고 생각한다.

건강한 아이는 두 가지 상태를 연속적으로 겪는다. 집어삼키는 욕구와 관련된 흥분, 자극 상태를 지나서 그 다음 허기가 올라올 때까지 진정되고 평온한 상태에 머문다.

두 명의 어머니

아기의 두 가지 상태는 어머니에 대한 두 가지 개념과 상응하고, 그 두 개념은 어머니가 아이에게 주는 보살핌의 두 가지 측면과 상통한다: 대상-엄마는 특히 식사 때 아기를 자극하고 흥분 상태에 빠지게 한다. 환경-엄마는 예측 불가능한 상황이나 위험한 상황으로부터 아기를 보호하고 달래며 진정시키는 엄마이다.

젖먹이는 어머니의 보살핌을 식별하고 그것을 그녀의 일부로 받아들이게 된다. 그녀의 얼굴이나 귀, 항상 바뀌는 액세서리 등을 모두 그녀의 일부분으로 여기는 것이다. 이제 어머니의 여러 가지 특성들은 각각의 (부분) 대상 안에 구체화되어 있다고 볼 수 있다. 이와 동시에 그녀는 아이에게 본능적 충동이 생기는 시기에 무자비하게 물어뜯는 공격 대상이 되기도 한다.

몸에서 소화 작용이 진행되고 있듯이, 정신에서도 비슷한 작용이 일어난다.

아이는 환경-엄마가 충동의 대상-엄마와 동일한 인물임을 깨닫게 된다. 그때 그는 비로소 일 더하기 일은 일이라는 사실을 알게 된다. 어머니는 하나의 완전체이고, 그 또한 마찬가지이다.

이제 아기는 그 사람(어머니)의 '생존' 여부에 관심을 갖기 시작한다.

관심의 단계

허기를 채우고 배가 부른 다음에 아기는 그의 본능적인 경험(젖 먹음)을 통해서 자기가 엄마의 몸에 구멍을 냈을지도 모른다는 상상을 하게 되며, 이를 염려하게 된다. 그 경험을 전후로 자신도 달라졌다고 느낀다. 이제 그는 자신이 하는 행동과 그 결과에 신경을 쓰게 되고 책임감, 더 나아가 죄책감을 느끼게 되는 것이다. 대상에 대한 관심을 갖는 단계에 들어선 것이다. 그래서 대상에게 손상을 입힐까 두려워서 먹는 것을 거부하는 경우까지도 관찰할 수 있다.

방금 전에 설명한 본능적 경험에도 불구하고, 다행히 어머니가 '살아남는' 것을 경험한 아기는 어머니의 몸에 난 상상의 빈 공간(구멍)에 대처하는 방안을 생각하게 된다.

이때 등장하는 것이 수리(修理)의 욕구이다: 아이가 어머니에게 선물을 주는 것이다. 예를 들면 대변을 어머니에게 선물한다거나, 그 다음 식사 시간 때 아기가 어머니의 입에 숟가락을 넣으며 밥을 먹이는 행위를 할 수 있다. 이때 중요한 것은 어머니가 그 '선물'을 받아주어야 한다는 것이다.

엄마가 자신이 준 선물을 받아주는 경험을 하지 못한 아이는 청소년, 더 나아가 성인이 되어서도 무엇인가를 순수하게 받아들이는 느낌을 갖지 못한다. 클라인과는 달리 위니캇은 본능의 통합을 가능하게 하고, 아이가 세상과 관계맺는 방식을 결정짓는 것은 대상의 '대답'에 달려 있다고 보았다. 대상의 질, 즉 좋은 대상인지 나쁜 대상인지를 결정짓는 것은 대상의 대답이지 (그것의) 환상이 아니라는 것이다.

이와 동시에 아이는 '혼자 있는 능력에' 도달한다. 이 능력은 타인이 물리적으로 있는 상황에서 혼자 있는 경험을 바탕으로 한다.

혼자 있는 상태는 역설적이게도 언제나 타인이 존재함을 전제로 한다.

이것은 비통합 상태—모든 본능적인 경험이 가능한 상태—에 이르는 능력을 가리키는데, 이것은 보호하는 환경이 있기 때문에 가능하다.

그것은 다음과 같은 과정을 통해서 이루어진다:

아이가 혼자 있다.

아이는 이제 비통합 상태에 이르는 것이 가능해진다. 이 상태는 아무런 방향이나 지향이 없고, 무엇에 반응할 필요가 없는 상태로서, 성인의 경우 긴장이 풀려 있는 상태를 말한다. 본능적인 경험을 위한 토양이 마련되어 있는 셈이다. 이러한 상태에서 어떤 감각이나 충동이 일어나면, 아이는 그것을 실재하는 것으로 느끼고, 그것은 개인적이고 발전적인 경험으로 경험된다. 그리고 이러한 종류의 본능의 통합 경험은 자아를 강화시킨다.

> 방금 젖을 먹어 허기를 달랜 아기는 일시적으로 긴장이 풀린 '비통합' 상태에 있다. 그는 엄마의 품 안에서 또는 침대에 자신을 맡긴다. 이때 뱃속에서 어떤 일이 일어나면서 대변을 볼 욕구와 의욕이 고개를 든다. 그것을 받아들인 아이는 이를 개인적이고 자발적인 경험으로 받아들인다. 그 경험은 그에게 자신이 실재함을 느끼게 하고, 어머니가 그 대변을 선물처럼 받아들임으로써 그에게 가치 있고 충실한 경험이 된다.

그 다음 단계에서 아기는 더 이상 어머니와 그 대체 대상이 실질적으로 존재하는 것을 필요로 하지 않는다. 젖을 끊을 준비가 된 것이다. 젖을 끊는다는 것은 단순히 아기에게 새로운 음식물을 접하게 하고 거기에 익숙해지도록 하는 것이 아니며, 잔을 이용하거나 손을 이용해서 보다 적극적으로 밥을 먹게 하는 것만을 가리키지 않는다. 그것은 그런 것보다 더 넓고 포괄적인 변화를 의미한다.

떼어내기(sevrage)

떼어내기는 단계적인 환각의 와해 과정을 포함하고 있으며, 이 과정을 책임지는 것은 부모이다. 떼어내기의 시기는 아기에게 전형적으로 나타나는 '장난감을 고의로 떨어뜨리는 놀이'를 할 수 있게 되는 시기(5~6개월) 쯤 시작해서 12개월 또는 18개월까지로 볼 수 있다. 그 기간은 생후 6개월 즈음에 시작되는 우울의 단계를 거치는 시기이기도 하다.

"우울적 자리(위니캇은 이를 '관심의 단계'라 부르는 것을 선호하였다)는 아이의 성장 발달에 절대적으로 내재되어 있는 단계다. 그러나 그 단계는 아기의 통합이 완전히 이루어지고, 그의 환경을 구성하는 사람과의 관계가 지속적으로 이루어졌을 때, 다시 말해 아기의 성장 발달이 제대로 이루어졌을 때만 나타난다."[1]

우울적 자리는 아이의 정상적인 정서적 발달 단계의 하나일 뿐만 아니라, 더 나아가 하나의 결말이자 성과이다.

"죄책감의 경험은 인간적 성숙의 크나큰 성과이다."[2]

우울적 자리의 실현은 "건강한 정서적 발달의 성과이다. ... 그것은 아기의 시간에 대한 개념의 발달과 환각과 사실 사이의 차이 평가, 그리고 특히 개인의 통합에 의지한다."[3]

만약 아이가 이 관심의 단계를 성공적으로 마치면 그 단계의 특징인 둘이 맺는 관계가 순탄하게 정착하고, 그것은 그 다음 셋이 맺는 관계, 즉 다른 사람들과 맺는 관계에도 똑같이 적용된다.

---

1 D. W. Winnicott, De la pediatrie a la psychanalyse, 1969, "정상적인 정서적 발달에서 우울적 자리", p. 234 ff.

2 Ibid.

3 Ibid.

제 8 장
적도 무풍대 또는 질풍노도의 시기

"적도 무풍대"[1]라는 단어는 위니캇이 항공 및 해상 항해 관계 용어에서 차용한 것으로, 청소년기의 특성을 가장 잘 표현하는 단어이다. 배나 비행기를 모는 사람은 지금 이 동요와 혼란의 순간이 역풍으로 바뀔지 아니면 광풍으로 이어질지, 더 심해질지 아니면 가라앉을지를 전혀 알지 못한다. 위니캇은 이 표현이야말로 모든 것이 불안정하고, 불명확하며, 거칠고 사나운 청소년기를 가장 잘 나타낼 수 있다고 생각했다.

청소년의 미성숙함

위니캇은 미성숙함을 청소년기의 장점 가운데 하나라고 보았다. 역설 같지만 그것은 명백한 사실이다. 청소년기는 자유와 독립을 쟁취할만한 능력을 아직 충분히 갖추지 못한 청소년이 독

1 D. W. Winnicott, De la pédiatrie à la psychanalyse, 1969, p. 406.

립을 갈망하는 시기이다. 이 시기의 청소년에게 환상을 품는 능력, 즉 창조 능력은 여전히 건재한 채로 남아있고, 그의 사고는 활기 넘치며 유동적이다. 위니캇이 보기에 청소년의 육체적, 정신적 건강에 꼭 필요한 요소는 바로 미성숙함이고, 그것의 바탕을 이루는 것은 의존이다. 자유와 독립성의 문제 및 그것의 습득에 대해서 이야기할 때 그가 의존성을 강조하는 것도 바로 위와 같은 이유 때문이다. 우리도 이미 잘 알고 있듯이 건강한 정신이 형성되려면 유년기의 의존(아기가 환경에 전적으로 의존하는 것, 그럴 수 있는 상황에 있는 것)이 필요하고 돌봄의 연속성이 꼭 필요하다. 청소년기도 마찬가지이다. 성장하는 과정에서 아이는 계속해서 새로운 능력을 얻게 된다. 육체적, 성적, 지적, 정서적 능력을 얻고, 그를 동요하게 만들며 혼란스럽게 만드는 경험도 하면서, 충동들을 통합하고 방어 기제들을 정립하고 다른 사람들과 더불어 사는 데 필요한 새로운 삶의 태도를 마련하게 된다. 그러기 위해서는 호의적이며 굳건한 안아주기가 필요하고 시간이 필요하다.

한참 팽창 중인 힘, 능력을 얻게 된 청소년은 이제 바깥세상을 향해서 나아가지만 동시에 필요할 때 다시 의존의 상태로 돌아갈 수 있는 진입로를 필요로 한다. 어려움에 부딪혔을 때나 부분적인 분열을 경험할 때, 자신을 다시 충전하려고 할 때나 일체성을 되찾고자 할 때, 다시 앞으로 나아가기 위해서 의존의 상태로 돌아갈 수 있는 가능성을 열어 두어야 한다는 것이다.

그 다음 위니캇은 또 하나의 당연한 사실을 밝힌다: 자기 실현을 하려는 청소년은 사회를 필요로 한다. 위니캇은 다음과 같은 사실을 명백하게 밝힌다: 자기 실현을 위해서 청소년은 사회를 필요로 한다. 그래서 그가 아무리 자유를 구할지라도 그것은 절대로 완전한 것이 되지 못한다. 그의 내면세계를 형성하고 그의 안에 있는 충동들을 충족시키기 위해서는 환경의 도움이 필요하기 때문이다. 자유와 문화 양식, 개성과 전통 사이의 상호작용은 필연적으로 존재한다. 그 외에도, 사회가 있어야 청소년은 그것을 기준으로 삼아 자신의 위치를 파악하고 사회적 현실에 맞설 수 있다.

근본적으로 삶에 대해 긍정적이었던 위니캇은 계속 성장해나갈 젊은이에게 미성숙함은 매우 "귀중한 역할"을 맡는다고 주장한다.

청소년기가 가진 가장 신성한 요소는 미성숙과 무책임함다.

그 이유는 무엇인가?

- 첫째로, 청소년기는 그 기간이 짧다.
- 둘째로, 성년이 되면 잃어야 하는 특권이다.

그러므로 본인의 사춘기 시절을 제대로 '살아보지' 못한 성인은 다음 세대가 자유를 누리는 것을 허락할 준비가 안 되어 있는 경우가 많다. 우리는 흔히 부모가 사춘기에 들어선 자녀에게 "내가 네 나이였을 때는 지금 너처럼 공부를/운동을/나가 노는 것 등을 하지 못 했어. ..."라고 말하면서, 그들에게 질투심을 느끼는 모습을 종종 목격할 수 있다.

청소년의 미성숙함은 그를 내적, 외적 공격에 취약하게 만든다. 그러나 역설적으로 그 미성숙함이 그를 보호하기도 한다. 청소년은 현실과 마주하고 자신과 마주하는 것을 두려워한다. 그는 아직 현실세계에 존재하는 잔인함과 고통을 감당할 능력을 갖지 못한다. 그러나 그에게 그런 능력이 아직 없다는 것이야말로 그의 내면에 잠들어 있는 공격성으로부터 그를 보호한다. 예를 들어서 가장 극단적인 공격적 반응인 자살로부터 그를 보호하는 것이다.

청소년의 미성숙함은 또 다른 데서 활약하기도 한다. 그에게는 이상적인 사회에 대한 이미지와 동경이 있는데, 그것은 매우 흥분되며 자극되는 것이다. 그것은 세상을 다시 쓰겠다는 의욕으로 이어진다.

사회는 청소년의 창의적인 생각, 신선함을 필요로 하고 새로운 감정, 새로운 삶에 대한 그의 생각들을 필요로 한다. 청소년기는 사용되기만을 기다리는 창의력과 역동이 가득 찬 시기이다.

청소년기는 그것을 실제로 경험하고 체험해야만 하는 자연스러운 과정이다. 그렇게 들끓는 시기를 위해 처방할 수 있는 약이란 존재하지 않는다. 유일한 약은 시간이다.

너무 어린 나이에 갑작스럽게 책임이 지워진 삶을 살아가게 되는 것은 그 젊은이에게 결코 바람직한 일이 아니다. 그때 그는 자발성을 잃게 되고, 일찍 나이들어 버린다. 그리고 그로 인해서 해로운 대응방식을 개발하게 된다. 만약 그가 어느 집안의 장남이라면, 그는 어린 동생들에게 굉장히 엄격하게 굴며 너무 많은 것을 요구하게 될 것이다. 그는 부모의 태도와 반대되는 태도를 취하거나 역으로 그들과 동일시하여 나중에 자기 자식을 향해 부모와 같은 일을 반복할 수 있을 것이다. 반대로 반항을 하며, 사회생활을 하는 데 필요한 사회적 제약, 요구들에 대해 무관심하거나 혐오감을 드러낼 수도 있다. 그에게 서투르게 주입시키려고 했던 태도와 반대되는 반사회적 행동과 태도를 보일 수도 있다. 트라우마 상황을 만날 때 자신에게는 그럴 수 있는 정당한 이유가 있다고 생각하면서 까다롭고 고집스럽게 행동할 수도 있다. 그것도 아니면 수동적이고 방관적인 태도를 취할 수 있다. 그리고 이는 곧 학업성적의 저하로 나타날 수 있다.

어른들이 그들이 본래 책임지고 있던 일들을 그들의 의지로 청소년에게 갑자기 위임하는 것은 그에게는 이득이 되는 것 하나 없이 그를 심각한 상태에 빠뜨릴 뿐이다.

그런 경우 미성숙함 특유의 창의력, 상상력, 부산함과 동요와 그에 따른 갈등들은 뒷전으로 밀려난다. 청소년이 창의력을 발휘하여 새로운 것을 창조하고, 해결책을 찾을 수 있는 이유는 그가 아직 하나의 사고의 틀에 갇혀 있지 않기 때문이다. 그래서 그 부산함과 동요가 불안으로 다가오는 것이다. 청소년에게 너무 일찍 책임감을 지우면, 그것은 그가 상상력을 발휘할 가능성을 막게 되고, 그것은 곧 환상의 전개를 막으며, 그것은 다시금 자살이나 비행, 병으로 이어진다.

그런 상황에서 반항은 그 의미를 잃는다. 사실 반항은 건강하다는 표시이자 신호이다. 사회는 청소년에게 반항할 수 있는 기회와 여지를 주는 것이 필요하다. 청소년이 반항할 때 어른이 너무 쉽게 물러서면 청소년은 덫에 걸리고 만다. "그에게는 독재자가 되는 것 이외에 선택의 여지가 없다. ... 그에게서 있어 자신이 살해할 대상(세대 교체의 의미)은 그의 부모가 아니라 그의 형제, 자매이기 때문에 당연히 그는 그들을 통제하려고 한다."[1]그리고 그것은 폭력으로 이어진다.

> 티모테(Timothee)가 바로 그러한 예이다. 부모로부터 왕처럼 떠받들어져서 큰 티모테는 반에서도 자기 법을 강요하며 아이들이 그의 눈치를 살필 정도로 멋대로 행동한다. 그는 교사, 더 나아가 학교 운영회와 마찰을 빚다가 결국 폭력 행위와 교사를 협박했다는 이유로 퇴학을 당하고 만다.

결국 부모의 역할을 제대로 하지 않는 것은 누구에게도 도움이 되지 않았다.

---

1 D. W. Winnicott, Jeu et réalité, Gallimard, 1975, p. 201.

청소년의 욕구

청소년기는 반항에의 욕구와 의존에의 욕구가 번갈아 등장하는 시기이다. 그리고 청소년은 안전이 확보되고 보장되는 순간 이를 도발하고 시험하기에 바쁘다. 이런 도전에 부딪힌 어른들은 긴장하며 경계 태세를 취하지만, 사실 그런 상황에서 어른들이 직면하게 되는 대상은 청소년 시절을 제대로 살지 못한 자기 안에 있는 자신의 일부분이다.

> 자유업에 종사하고 있는 아버지를 둔 미레이유(Mireille)는 구멍이 난 스타킹을 신고, 눈에 띄는 곳에 문신을 함으로써 안전한 방법으로 아버지를 도발한다. ...
> 그녀는 그런 식으로 자신을 주장하는 것이다. 이러한 행동은 그녀가 전능감을 버리고, 환상에 대한 필요를 현실 상황과 맞출 줄 알게 되면서 저절로 없어질 것이다. 그리고 이 타협안이야말로 그녀를 성공으로 이끌 것이다.

청소년기의 특징은 고유함을 추구하는 데에 있다. 그들은 어디에도 구속되지 않으며, 타협을 거부하고 부모와 동일시하는 것을 거부하고 다른 사람들의 경험/충고를 거부한다. 그들은 적도 무풍대(pot noir)의 높은 파도를 헤쳐 가는 과정을 거치면서, 언제쯤 거기서 빠져 나올 수 있을지 불안해하는 단계를 거친다.

그들은 아이처럼 자신이 실제로 존재함을 느끼려고 하거나, 반대로 아무것도 느끼지 않으려고 한다(그럴 필요를 느낀다). 그들은 그들의 열정을 자극하는 어떤 목적이나 이상에 빠져들기도 하고 반대로 사회에서 제시하는 모든 것들에 대해 무관심하기도 하다.

그들은 빨리 치유되기를 바라면서 동시에 그것을 가능하게 만드는 약이나 해결책을 거부한다. 자신의 요구를 빨리 들어달라면서 발로 땅을 차는 아이처럼 청소년도 모든 문제가 해결되기를 원한다. 그러나 해결책—그 중에서도 사회변화로 이어지기까지 하는 것—은 대부분 시간을 필요로 한다.

청소년이 바라는 것은 이해가 아니라, 남들이 자신의 이야기를 들어주는 것이다. 그들을 이해하려고 애쓰는 과정에서 우리가 그들이 숨기고 싶어 하는 것에 너무 가까이 다가갈 때 그들은 격렬하게 반응한다. 그들은 간섭 받는 것을 싫어하는 동시에 (누군가로부터) 무엇인가를 배우기를 원한다.

위니캇은 청소년기야말로 역설의 시기라고 말한다. 그리고 역설의 특징은 바로 굳이 그 역설이 풀릴 필요가 없고, 풀려고 하지 않음에 있다.

환경 없이는 청소년도 존재하지 않는다.

청소년기는 환경의 중요성이 더욱 더 부각되는 시기이다. 위니캇의 "아기는 존재하지 않는다"를 인용하여 "청소년은 존재하지 않는다"라고 말할 수도 있겠다. 존재하는 것은 환경과 함께 있는 청소년이다. 어떤 청소년은 소유욕이 강한 어머니와 살고 있고, 다른 청소년은 폭군 같은 아버지와 살고 있다. 그리고 또 다른 청소년은 형제를 돌보며 산다. ...

분명 환경은 청소년의 일부를 이룬다. 그러나 놀랍게도 정작 청소년 본인은 근본적으로 소외되어 있다.

얼핏 보기에는 역설적으로 들리지만 더 자세히 살펴보면 그렇지도 않다. 위니캇이 보기에 청소년들은 각자 외톨이인 사람들끼리 모여 다양한 방법을 통해서—예를 들면 어느 집단에 속함으로써—현실과 부딪히며 살아가는 데 따른 어려움을 극복하려고 시도한다. 그들은 모방할 만한 역할의 모델을 찾으며 인도자를 찾는다. 서로 뭉침으로써 덩치를 키우고, 무리를 이루며 그 무리의 존재를 통해서 살아갈 힘을 얻는다.

문신을 하는 것도 서로를 따라함으로써 소속감을 느끼려는 것이다.

자살 시도, 반사회적 행동, 일탈 같은 행위들은 그룹 전체의 것으로서 그 안에 속한 사람들은 그런 극단적인 행동들을 통해서 그들이 실재한다고 느끼며, 이를 통해 질풍노도의 시기를 극복하려고 한다.

위니캇이 중간 현상으로 보았던 우정 관계 또한 이 시기에 특히 지배적으로 나타난다.

> 고등학교 1학년인 줄리(Julie), 알반(Albane)과 루시(Lucie)는 절대 떨어지는 법이 없는 단짝 친구이다. 수업이 끝난 뒤 교사가 그 중 한 명을 따로 부르기라도 하면 언제나 세 명이 함께 오는 식이다. 겨우 설득하여 그 한 명과 면담을 했더라도, 끝나자마자 친구들의 질문 공세에 면담 내용을 전부 보고하는 장면을 목격하곤 한다.

이렇듯 이 세 소녀들을 이어주는 우정은 어린 아이가 인형과 맺는 관계처럼 매우 큰 유대감으로 이어져 있다.

성적 성숙

육체적 성숙이 곧 성적 성숙을 의미하지는 않는다. 성관계를 맺는다고 해서 그 청소년들이 성숙하다고 볼 수는 없다. 성(性)은 그것을 제대로 사용할 수 있는 능력이 생기기 전에 먼저 나타난다.

성적 성숙은 무의식적인 성적 환상 모두를 포함한다. 모든 개인에게 절대적으로 필요한 것은 파트너를 고를 때 드는 모든 생각, 성적 만족과 성행위에 대해서 드는 모든 생각들을 받아들일 줄 아는 것이다. 다시 말해서 그가 떠올리고 느끼는 이미지나 충동들을 억제할 것이 아니라 그것들의 존재를 있는 그대로 받아들이는 것이 필요하다.

성적 성숙은 자기 안에서 선과 악 사이의 균형을 찾고, 증오와 파괴 및 사랑은 한 짝을 이룬다는 사실, 충동에는 물고, 찢고, 뜯고, 뚫고, 통제하는 것과 같이 환상 영역에 속하는 공격적인 측면이 존재한다는 사실을 받아들이는 것이다. ... 동시에 그가 고른 성적 대상과의 관계를 맺는 데서 생기는 공격성과 죄책감을 견디어내는 능력을 습득해야 한다.

16세의 마리옹(Marion)과 시릴(Cyrille)은 몇 개월 전부터 서로 사귀는 사이이다. 그들 안에 있는 충동은 서로간의 몸을 보다 은밀하게 탐색하고 발견하도록 떠민다. 마리옹은 남자친구에게 진도를 너무 빨리 나가고 싶지 않다는 의향을 밝혔지만 그녀의 안에는 그를 물어버리고 싶다는 욕망 또한 자리하고 있다. 시릴은 너무 성급하고 조금은 난폭하게 구는 성향이 있다. 둘은 모두 그들이 느끼는 성적 욕구가 공격성에 매우 가깝다는 사실을 몸으로 느끼고 있다.

이렇게 마리옹과 시릴은 상대를 존중하려는 마음에 의해서—관심 단계의 과정을 그들 안에 잘 통합했다는 의미이다—서로의 리듬에 맞춰 성(性)을 발견하고, 내면의 충동을 다스리는 방법을 함께 익힌다.

청소년기, 재활성화의 시기

성장한다는 것은 과거라는 기반 위에 현재를 세우는 것이다.

사춘기에는 생의 첫 단계에서 마주했던 문제들과 다시 한 번 마주하게 된다. 이 두 시기의 가장 큰 차이점은 세 살짜리 어린 아이에게 일어났던 일들이 이제 곧 '성인'이 되어가는 청소년에게 일어난다는 것이다. 위니캇에 의하면 사춘기에 들어선 청소년은 관심(sollicitude) 이전의 단계에 있는 젖먹이의 잔인함의 잔재들을 품고 있다고 말한다. 다시 말해서 제동을 거는 죄책감도 이타성의 개념도 갖지 않는다는 것이다. 그 외에도 젖먹이나 아이였을 때 설정된 도식들—대부분 무의식적이지만 완전히 활성화된—또한 염두에 두어야 한다. 어릴 때 익혀야 했던 것들을 청소년기에 와서 배워야 하는 것은 어려운 일이다. 예를 들어, 전능감의 문제처럼 그것이 환상이나 착각이었음을 깨닫고 거기서 벗어나는 과정을 제대로 거치지 못했다면, 시간차를 두고 실패를 맛보거나 반사회적 행동 등과 같이 나중에 더 큰 문제로 이어질 수 있다. 충동의 관리와 처리 문제 역시 마찬가지이다.

잠재기를 지나 청소년기에 들어서서 오이디푸스 콤플렉스

상태가 강력하게 재활성화되는 것도 같은 맥락이다.

우울적 단계(우울적 자리) 과정을 제대로 거쳐—자기 행동에 책임감을 느끼는 능력을 습득하게 되었다는 것을 의미한다—관심의 단계로 잘 넘어가는 것은 매우 중요한 작업이다. 그 작업이 제대로 이루어지지 않았다면 떼어내기(sevrage)에 상당하는 애도 작업을 해야만 하는 처지에 놓이게 된다.

어머니가 너무 애지중지하며 키워 버릇이 없는 아이로 성장한 열여섯 살의 장-클로드(Jean-Claude)는 그녀에게 지나친 요구들을 되풀이하는 것으로 그녀에게 그의 '사랑'을 표현한다. 자신의 행동에 대한 책임을 전혀 질 줄 모르는 그는 항상 "엄마 탓이야"라고 말한다.

그런 어머니가 죽었을 때 장-클로드는 그녀에게 고마움을 느끼거나 배려할 줄 아는 능력을 기르지 못한 상태였다. 그는 정신적으로 완전히 무너져서 죄의식을 느끼고, 버림을 받은 것만 같은 느낌을 받는다. 열여섯 살이 된 지금에서야 그는 여태까지 겪어보지 못하고 내면에 통합하지 못한 고통스러운 떼어내기 경험—어릴 때 경험했어야 했던—을 하게 된 것이다. 그가 현재 맛보고 있는 경험은 결국 열여섯 살 된 청소년의 것이 아닌 두 살 된 아이가 겪고 있는 고통이나 마찬가지이다.

격심하게 되풀이되고 있는 것은 변화의 문제이다. 육체적 변화는 처음에는 불안과 걱정을 낳지만 그와 동시에 자랑스러운 기분을 낳기도 한다. 2차 성징이 동반되는 몸의 변화는 정체성에 대한 질문과 성적 정체성에 대한 질문들을 낳는다.

만약 아이의 주변 환경이 아이의 정신적, 육체적 욕구들을 제대로 파악하고 그것들을 충족시켜주지 못한다면, 아이는 자신의 몸 안에 제대로 자리를 잡지 못한다. 다시 말해서 정신과 몸의 연결이 제대로 이루어지지 못한다는 것이다. 그럴 경우 이후 사춘기 때처럼 격심한 변화로 인한 불안정한 상태는 자아 상실을 낳거나 본인 스스로 자신에 대해 기이함을 느끼는 결과로 이어질 수 있다.

아이의 발달과정에서 어떤 연속성의 단절을 경험하면, 나중에 청소년기에 그것은 다시 나타나 해로운 영향을 끼칠 수 있다.

> 아프리카 출신의 부모 사이에서 태어난 위베르(Hubert)는 몇 개월도 안 되어 여러 곳에 맡겨졌다. 여섯 살 때 어머니가 그를 다시 데려갔지만 얼마 지나지 않아 그녀는 돌아오겠다는 말을 남기고 다시 떠난다.
>
> 이별은 매우 급작스럽게 이루어졌고 그녀는 돌아오지 않았다. 위베르는 곧 사회사업 시설에 맡겨졌다.
>
> 이렇게 어린시절 몇 번이나 버림받는 경험을 하게 된 아이의 정신 구조 공간은 서로 소통하지 않는 여러 개의 현실 덩어리가 배치된 것처럼 구성되어 버렸다. 그리고 그것은 곧 성인이 된 그가 치료 상담을 요청하는 결과로 이어졌다. 예를 들면 위베르는 일이라는 '현실'에 처해 있을 때는 친구들로 구성된 또 다른 '현실'은 존재하지 않는 것처럼 사라지고, 그 사실이 그를 고통스럽게 만든다. 그는 매우 중요한 약속을 잊어버리기도 하고, 약속을 제 시간에 지키는 것 또한 그에게는 불가능한 일이다. 그는 사람의

얼굴을 기억하지 못하고 장소 또한 기억하지 못해 길을 쉽게 잃는다. 그는 또한 여자 친구의 감정 변화를 제대로 파악하지 못하고 이에 대응하지 못한다.

어린시절 외적 대상의 결핍을 너무 크게 경험한 그에게는 지속적이고 안정적인 내적 대상이 제대로 형성되지 못했고, 그것이 청소년기에 다시 재활성화되면서 세상과 맺게 되는 관계에서 비틀림이 생기는 것이다.

청소년기와 반사회적 성향

반사회적 성향이 공격적인 태도로 나타날 수는 있지만 공격성과 반사회적 성향은 서로 다른 영역에 속해 있다. 앞에서도 이야기했지만 그것들은 근원이 각기 다른 것이다.

공격성은 인간에게 내재된 것으로서, 타고나는 것이다. 사랑이라는 감정 안에도 증오라는 감정 안에도 공격성은 존재한다. 타인과 관계를 맺게 만드는 것도 바로 이 공격성이다. 자발성과 공격성 사이에는 유사점을 찾아볼 수 있다. 아이에게는 없던 육체적인 힘을 가지고 있는 청소년에게서는 그런 점을 관찰하고, 발견하는 것이 더 쉽다. 어느 치료사는 그녀가 돌보는 환자집단 중의 한 사람에게 "너는 아주 심하게 다정하구나"라는 말을 한다. 어느 어머니는 청소년 딸에게 "너무 세게 껴안지마, 아파"라고 항의하기도 한다.

아이가 겪었던 온갖 혼동과 동요는 사춘기 때 또 한 번 격렬하게 재활성화된다. 자신의 정체성이나 개성, 힘과 능력(아이가 그러는 것처럼)을 주장하기 위해서나 가정 내의 규범 또는 사회 규범들에 저항하기 위해서 청소년은 환경이 그의 공격을 견디어 내고, 그의 행동을 되돌리지 않을 것이라는 믿음을 가지고 그의 주변 사람들과 충돌한다.

아이의 발달 과정이 제대로 이루어지면 청소년은 이미 우울적 자리 단계에 무사히 도달했다는 것을 의미한다. 위니캇은 이 단계를 우울적 자리보다는 관심의 단계로 부르는 것을 선호했는데, 이것은 그 표현이 그 단계가 결국 매우 정상적인 과정이자 당사자가 자신의 행동을 뒤따를 결과에 관심과 주의를 기울이게 됐다는 사실을 보다 강조할 수 있는 표현이었기 때문이다. 청소년은 인간에게 있어서 절대적으로 필요한 죄의식을 느낄 수 있는 능력을 갖추게 된 것이다. 그는 자신의 충동적인 공격성으로 인해서 대상에게 상처를 입혔다는 사실에 책임감을 느끼고, 슬픔을 느끼며 그 대상을 고쳐주려는 마음을 가지게 된다.

정상적인 파괴적 성향의 반대 선상에는 초기의 파괴성 이후에 나타나는 병적인 파괴성이 있다. 그것은 수동적인 파괴성으로서, 동네 쓰레기통 방화나 건물에 낙서하는 것, 유리창을 깨거나 자동차를 망가뜨리는 것 등 들 수 있는 예는 수없이 많다. 이것은 그 공격성이 그 사람 인격 안에 제대로 통합되지 못하고, 분리되고 해체된 채라는 사실을 나타낸다. 동일한 대상을 향한 에로틱한 충동과 파괴적인 충동들이 하나로 합쳐지지 못한 것이다.

수리(réparation) 욕구의 근원이 되는 슬픔과 죄책감, 배려의 단계를 제대로 거치지 않으면 이타성 또한 확립되지 않는다. 그가 상처 입힌 대상을 고치려는 이 애정 어린 태도는 베푸는 능력과 받는 능력 및 도덕성을 갖추게 되는 것과 함께 한다. "우리의" 내면세계의 정립 작업은 평생 지속될 것이다.

반사회적 경향성의 근간에는 인간에게 내재된 단순하고도 건강한 공격성과는 다른 것을 볼 수 있다: 바로 박탈이다.

존 볼비 덕분에(라고 위니캇은 말한다) 우리는 일반적으로 개인의 반사회적 성향은 첫 돌이 지나고 두 번째 해 동안, 즉 상대적 의존의 시기에 경험하는 정서적 박탈감과 연관된다는 사실을 인정한다.

반사회적 태도를 언급하기에 앞서 박탈의 문제를 먼저 설명하는 것이 이해를 더 도울 것이다.

반사회적 성향 뒤에는 박탈과 그 결과물인 슬럼프, 즉 절망이나 우울이 존재한다.

박탈이란 무엇인가?

먼저 정서 발달은 크고 작은 어려움을 동반하며 이루어지는 것이기 때문에 좋은 환경에서 자란 아이라 할지라도 박탈될 수 있다는 사실을 알아야 한다. 예를 들면 동생이 태어났을 때 아동이나 청소년은 부모로부터 사랑을 받지 못한다고 느끼고 그들에게 "피해 보상"을 요구할 수 있다. 그것은 성인기까지도 이어져서, 예를 들어서 유산 분배를 할 때 끝없는 분쟁의 원인이 될 수도 있다.

위니캇은 절대적 박탈(privation)과 박탈(déprivation)을 구분하였다.

절대적 박탈은 생후 3~4개월 이전, 절대적 의존의 시기에 어머니가 죽거나 아이를 방치, 버렸을 때와 같은 환경의 실패를 가리킨다.

박탈은 아이가 자기 주변에 있는 사람들을 의식하기 시작하면서 잘못의 출처가 외부에 있다는 것을 알게 되는 생후 3~4개월 이후에서 18개월~24개월 사이의 상대적 의존기에 어머니와의 관계에서 실패가 일어날 때 경험하게 된다.

위니캇은 박탈에는 두 가지 종류가 있다고 보았다. 하나는 대상(내적 엄마)의 상실과 관련된 것이고, 다른 하나는 울타리(cadre)의 상실과 관련된 것이다. 전자는 어머니를 잃는 것이고, 후자는 아버지를 잃는 것이다. 여기에서 위니캇이 말하는 것은 "어머니를-대신하는-아버지가 아니라 부성을 대표하는 자로서의 아버지"[1]이다.

박탈에서는 "아이가 긍정적으로 경험했던 어떤 좋은 것의 상실이 일어난다... 박탈은 초기 외상적 경험과 그 다음에 있었던 외상적 경험 모두를 포함한다. 즉 아프게 찔렸던 경험과 그것으로 인해서 계속 이어진 상처 모두를 포함하는 것이다."[2]

박탈 경험은 장기간에 걸쳐서 그 영향력을 행사한다. 어린시절에 경험했던 것들은 평생동안 반복해서 일어나는 것이다. 그것의 영향력은 현저한 것이다.

빼앗긴 내적 대상과 그것의 상실은 아이를 절망하게 만든다. 내적 대상을 잃은 아이는 그 어떤 것으로도 위로 받지 못하는 것이다.

그런 아이는 더 이상 놀지 않는다. 중간 대상이 더 이상 작용하지 않게 된 것이다. 그는 더 이상 자기 자신에게 세상을 바꾸고 창조할 수 있는 능력이 있다고 믿지 못하며, 세상을 향해서 환상을 품는 능력 또한 잃어버린다.

그는 또 타인에게 관심을 갖는 능력 또한 잃고 만다.

사춘기가 되어서 다시 이전의 박탈을 경험하게 되는 청소년

---

1 D. W. Winnicott, La crainte de l' effondrement et autres situations cliniques, Gallimard, 2000, p. 23.

2 D. W. Winnicott, Déprivation et délinquance, p.150.

은 만사를 지루하게 느낀다. 그는 즐겁게 놀 줄 모른다. 쾌감을 느끼지 못하는 것이다. 그에게 놀이는 마약 같은 것이 되며, 그런 아이들은 실제로 게임이나 인터넷 중독에 걸리게 된다.

실망이 너무 컸거나 그것을 너무 갑작스럽게 경험한 아이 또는 청소년은 일반적으로 본인도 그 원인을 모르는 채 잘 씻지 않도록 강요받는다. 아이의 경우 배변을 제때 하지 않거나, 벽지에 낙서를 하고, 화를 잘 낸다. 그리고 나중에는 강도짓까지도 하게 된다. 2차 세계 대전 당시 부모와 분리되었던 어린아이들을 돌보았던 위니캇은 그들에게서 그런 행동들을 많이 관찰하였다.

탐욕은 반사회적 증상의 첫 징후 중 하나이다. 탐욕스러운 아이는 충동적인 방법으로 자신에게 박탈을 겪게 한 어머니로부터 회복되기를 추구한다. "이 탐욕은 반사회적인 것으로서, 훔치기의 전조이다. 그러나 만약 어머니의 치료적인 적응(많은 경우 그것을 아이를 응석받이로 만드는 행동이라고 비난 받기 쉽다)이 이루어진다면, 그 탐욕은 충족되고 치료될 수 있다."[1]

이 탐욕(여기서는 탐식)이 비만으로까지 이어진 청소년의 경우 더 큰 문제가 생긴다. 망가진 몸에 대한 이미지에 2차 성징에 따른 신체적 변화(털이나 목소리의 변성, 가슴 등 지금까지는 모호하게 남아있던 성별의 경계가 명백해진다)가 추가되기 때문이다. 신체적 변화에 대한 적응 정도는 사람에 따라 달라서 어떤 이들에게는 자랑스러운 변화가 되지만 다른 이들에게는 도저히 견딜 수 없는 것이 된다.

자신에게 일어난 신체적인 변화를 어떻게 경험하는지는 그 청소년의 주변 환경과 그의 안에 저장되어 영향력을 행사하고 있는 그의 과거와 현재의 경험들에 달려 있다.

---

1 D. W. Winnicott, Déprivation et délinquance, p.154.

반사회적 성향의 특성

반사회적 성향에는 두 가지 특성이 있다. ...

하나는 훔치기로 나타나고(훔치기 행위를 뒤따르는 거짓말도 포함된다) 다른 하나는 파괴 행동(충돌, 무절제함, 더럽히기 등)으로 나타난다. 한쪽에서는 대상을 찾고, 다른 한쪽에서는 대상의 파괴를 꾀한다.

위니캇에 의하면, 물건을 훔친 아이가 찾는 것은 그 훔친 물건이 아니다. 아이가 실제로 찾는 것은 초기 박탈 경험으로 인해서 받은 상처의 회복이다. 그는 그가 한두 살 먹은 어린아이였을 때 그랬던 것처럼 그가 권리를 가지고 있는 어머니를 찾는 것이고, 그녀의 부드러움과 사랑을 다시 자기 것으로 삼으려는 것이다. 그러나 그는 그 사실을 알지 못한다.

희망의 부재는 박탈의 대표적인 특징이다. 훔치는 행동 뒤에는 희망을 찾으려는 욕구가 숨어 있다. 위니캇은 심지어 물건 구매 충동도 그와 같은 맥락에서 보았다!

파괴 행동을 보이는 아이 역시 사실 그 파괴 행동을 통해서 잃었던 어머니와의 연결을 찾고 있다. 공격성이 내포된 최초의 가혹한 (어머니와의) 사랑의 관계가 그랬듯이 말이다.

사람들을 훔치는 행동으로 내모는 리비도 충동과 파괴로 내모는 공격적 충동의 연합은 자발적인 치유(autoguérison)로 나아갈 수 있다. 다시 말해서 본능으로부터의 분리를 향한 치료로 나아갈 수 있는 것이다.

위니캇은 청소년들에게 훔치는 행동과 공격성이 연합되는 것을 좋은 징조로 보았다. 왜냐하면 그를 훔치는 행동으로 내모는 것, 즉 어떤 대상을 차지하게 하는 것은 "이 세상에는 어떤 좋은 것, 파괴되어서는 안 되는 것이 있다"는 느낌에서 나오기 때문이다. 그것은 아마도 리비도적인 충동과 공격적 충동을 통일시키는 길로 나아갈 것이다.

그러나 위니캇은 자전거를 도둑맞은 사람에게 그것을 훔친 사람이 무의식적으로 찾는 것은 자전거가 아니라 그의 어머니라고 말하는 것이 그에게 아무런 위로도 되지 않는다는 사실을 인정하였다. 그 두 가지는 서로 다른 별개의 이야기이다. 그래서 그는 부모들이 아이가 나중에 "진짜 도둑놈"[1]이 되는 것을 방지하려면 훔치는 행동이 나타나기 시작했을 때, 그것을 "치료"하는 것이 필요하며, 그 일이 얼마나 중요한 일인지에 대한 자각이 필요하다고 강조하였다.

치안판사나 교육자들을 대상으로 강연을 했던 위니캇은 반사회적 행동(비행) 뒤에 있는 무의식적 동기에 대한 관심을 잃지 않는 것이 중요하다고 당부하였다. 우리는 그 무의식적 동기들을 일종의 환상으로 받아들여야 한다. 그는 그것에 관심을 가지는 것 이외에도 "그런 부모 밑에서 자랐으면 저렇게 될 수밖에 없었겠지"와 같은 감상적인 태도로 그 행위에 대해 변명하는 것은 아무 도움이 되지 않는다고 말하였다. 그런 태도는 그 태도를 취한 사람 안에 있는 공격성을 은폐하고, 그런 행동을 한 장본인에게 그가 마땅히 져야 하는 책임으로부터 회피하도록 만들기 때문이다.

반사회적 성향과 치료의 시도

반사회적 성향에는 환경이 반응하지 않을 수 없게 만드는 특수한 요소가 있다. 훔치거나 파괴하는 아이는 그 행위에서 안정

1 Ibid., p. 150.

된 울타리(cadre)를 찾는다. 그의 무의식적 충동에 의해서 누군가 그를 맡지 않을 수밖에 없게 만드는 것이다.

> 위니캇은 그러한 측면을 아주 잘 묘사하고 있는 아홉 살 먹은 반사회적 소년의 사례를 소개한다. 그 "사랑스럽지만 '단단히 미친'" 가출 소년은 위니캇이 치료를 목적으로 3개월 동안 자기 집에서 맡았던 소년이다.

> 위니캇은 이 사례보고에서 그 경험의 일부만을 소개하지만, 그의 작업 스타일을 그대로 보여주기 때문에 그것은 매우 인상적인 사례로 볼 수 있다. 내용을 살펴보면, 위니캇은 아이가 '폭발' 할 때면 밤낮에 상관없이, 시간과 날씨에 개의치 않고 아이를 가혹하게 집밖의 문 앞에 세워두었다. 아이가 진정되면 그는 거기에 있는 특수한 벨을 누를 수 있고, 그러면 위니캇이 그에게 문을 열어주는 식이었다. 그리고 이때 둘 사이에 있었던 모든 일들은 종결된 것으로 보는 패턴이었다.

여기서 중요한 것은 소년을 문밖에 세우기 전에 위니캇이 매번 그에게 "나는 앞서 있었던 모든 일들로 인해 내 안에서 그에 대한 증오심을 느낀다"[1]고 말했다는 점이다. 그 행위는 위니캇 본인의 마음을 가볍게 해주었을 뿐만 아니라, 증오의 대상이 된 뒤 다시 사랑의 대상이 될 수도 있다는 경험을 신뢰할 수 없는 소년에게는 더 할 나위 없이 중요한 행위였다. 그 소년에게는 다른 사람의 감정의 진실함을 확인하는 것이 필요했다.

반사회적인 아이의 가장 명백한 특징은 그가 우리를 방해하

1 D. W. Winnicott, De la pédiatrie à la psychanalyse, 1969, p. 79.

고 불편하게 만드는 존재라는 사실이다. 그러나 위니캇은 그러한 면모 또한 이전에 깨졌던 리비도 충동과 운동성 사이의 결합(union)이 새로 정비되거나 재정비에 들어갔을 가능성을 보여주는 긍정적인 면모로 보았다. 그것은 치유로 나아가는 길로서, 견뎌낼 수 있어야 한다.[1]

자신이 추구하는 치유를 쫓고 있는 아이는 주변으로부터 격한 반응을 끌어낸다. 이 모든 일들은 그가 보다 넓은 울타리를 찾는 것처럼 진행된다. 위니캇이 '담는 그릇'(contenant)의 첫 번째 예로 든 것은 어머니의 팔 또는 몸으로 구성된 원이다. 점점 더 넓어지는 이 원은 비슷한 맥락에서 어머니의 팔, 친척, 가족, 지역으로 확대되어 그 지역 내의 경찰서들로 확대되고, 국가와 그 국가의 법으로까지 확대된다.

반사회적 청소년이 노리는 것은 세상으로부터 파괴된 그의 울타리를 다시 세우도록 만드는 일이다. 환상을 품는 것을 가능케 해주었고, 세계의 창조자가 바로 자기 자신이라는 믿음을 갖게 해주었던 최초의 호의적인 환경을 복구하고 싶은 것이다. "신뢰할 수 있는 환경이나 인간적인 태도는 개인에게 자유로이 움직이고 행동하고 흥분할 수 있는 가능성을 준다. 바로 그 잃어버린 환경이나 인간적 태도를 그는 찾고 있는 것이다."[2]

그러한 것들은 모든 일을 처음부터 다시 시작할 수밖에 없는 청소년을 만들어내며, 그들은 무엇인가를 안정적으로 설립하지 못한다.

열일곱 살 먹은 벵상(Vincent)은 취미를 끊임없이 바꾼다.
기타, 저음 악기, 그림, 연극, 테니스. ... 그는 이것저것들을

1 Ibid., p. 152.
2 Ibid., p. 296.

> 시도하지만 끝까지 가는 법이 없다. "새로운 것을 배우기 시작할 때면 그게 굉장한 것처럼 느껴져요. 하지만 시간이 조금 지나면 싫증이 나고, 그래서 결국 그만 두어요. ... 여자애들하고도 마찬가지고요. ..."

그의 부모가 그에게 "그가 원하는 모든 것"을 주었기 때문에 뱅상은 한계라는 것을 모른 채 모든 것을 시도한다. 새로운 것을 시작할 때면, 전능 환상이 떠올라서 처음에는 그것에 의욕을 불태운다. 하지만 그에게 유익한 환멸은 일어나지 않는다. 그래서 모든 것은 마치—무의식적으로—그가 잃어버린 지나간 과거, 현실과 대면하기 이전의 과거, 젖떼기 이전의 과거를 되살리려는 헛된 노력이 되고 만다.

희망의 순간에 아이는 신뢰해도 될 것 같은 상황을 감지하는 동시에 위니캇이 대상의 추구라고 부르는 어떤 충동(이 충동은 나중에 훔치는 행동을 낳을 수도 있다)을 느낀다.

그는, 말하자면, 손을 '뒤로' 뻗는 것이다. 그는 과거를 향해서, 박탈 영역의 문턱 앞에서 잃어버린 대상을 향해서 손을 뻗는 것이다.

- 그런 다음에 그는 그것으로 인해서 자신이 가혹해질 것을 예상하고, 가까운 주변 사람들을 향해 소란을 피우며, 그 후 자신이 끼칠 불편에 대해서 경계의 태세를 갖추며, 거기에 대비하게 된다. 마치 그는 "조심들 하세요! 저 이제 곧 터집니다!"라고 외치고 있다.

- 상황이 유리하게 조성되어 시간이 지난 뒤 청소년이 더 이상 그 상징적 가치를 상실한 대상의 대체를 좇으며 대상을 추구하지 않고, 그가 진정 사랑할 수 있는 사람을 만나는 경우도 있을 수 있다.

그 다음 단계에서 청소년은 관계에서 희망뿐만 아니라 절망도 느낄 수 있어야 한다. 진정한 삶의 가능성은 바로 그 너머에 존재하기 때문이다. 그때 그는 관심을 갖는 능력을 얻는 동시에 사랑할 수 있는 능력을 얻게 된다.

제 9 장
"나는 다른 사람이 원하는 모습으로 존재하였다"

위니캇은 1945년에 아기의 초기 비통합 상태를 염두에 두면서 그것은 아이의 잠재적 자기(self)의 상태와 유사할 것이라고 생각하였다. 그 맥락에서 그는 처음으로 자기 개념을 언급하였다.

참 자기와 연관해서 그가 제안한 거짓 자기 개념은 조금 더 늦은 시기인 1949년에 등장한다.

위니캇의 자기 개념은 시간과 함께 계속해서 발전했기 때문에 그것을 명확하게 규정하기는 어렵다. '자기' 개념은 자아(moi)나 정신(psyche) 개념에 가까우면서 종종 이것들과 혼동되기도 한다. 보통 영어의 self는 자기(soi)로 번역되지만, 그 특수성과 고유성을 보존하기 위해 그냥 self라는 용어를 그대로 쓰는 것이 좋을 듯하다.

위니캇은 그의 자기 개념에 대한 정의에 대해서 죽을 때까지 고민하면서, 그가 죽기 1년 전 그의 번역가에게 보낸 편지에서 그 개념을 이렇게 제시하였다: "나에게 있어서 자아(moi)가 아닌 self는 '나'이고 오직 '나'이기만 한 존재이다."[1]

---

1 J.-P. Lehmann, La clinique analytique de Winnicott. De la postion dépressive aux états-limites, Erès, 2003, p. 149.

이 정의에서 자아(moi)라는 용어는 서로 다른 두 가지 의미를 사용하고 있다. 첫 번째 자아(moi)는 라틴어의 ego, 즉 자아를 가리키며, 두 번째 자아(moi)는 나(me)를 가리킨다.

자기(Self)

정신분석에서 자아(ego)와 자기(self)는 서로 구별된다. 자기가 자신을 어떻게 보고 느끼고 그 자신으로서 사는지에 중점을 두는 자기(self)는 개인적인 특성을 가지는 반면, 자아는 하나의 구조로서 보편적이고 비개인적인 일반화가 가능하며, 이 둘은 분명히 구별된다.

그 외에도 자기에는 일부 무의식에 억압된 부분이 없다는 점에서 자아와는 다르다.

자기(self)는 "나는 ~이다", "나는 살아있다", "나는 나 자신이다"에서 표현된다. 이러한 입장에서 시작하면 모든 것은 창조적이 될 수 있다. 자기의 실존을 가능하게 하는 것은 창조성이다.

외부로부터 침범을 당하지 않고 신성불가침의 영역으로 존재해야 하는 존재의 핵이 바로 자기이다. 자기는 분열되거나 흩어져 있는 느낌을 주지 않으면서, 하나의 단위를 이루고 있다고 느끼게 하는, 시공간이 통합된 상태를 가리킨다.

다음 내용은 어린아이가 본 자기의 개념을 보여준다.

두 살짜리 어린아이가 종이 위에 연필을 굴리고 있다. 갑자기 두 개의 선이 서로 만나면서 불분명한 형태의 낙서에서 공 하나가 튀어나온다. 피부막처럼 안과 밖의 구분을 연상하게 만드는 경계를 가진 닫힌 형체가 등장한다. 그리고 아이는 손가락으로 그것을 가리키면서 "고양이"(chat)라고 말한다. Self에 대한 첫 언급, 암시이다.

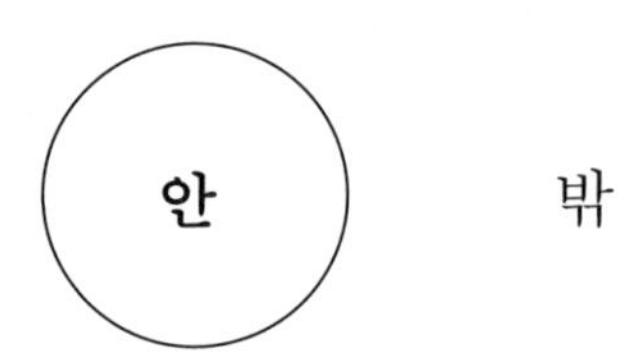

이 과정은 그 다음 위니캇의 이론에 등장하게 될 '나'와 '나-아닌 것'에 대한 개념의 시초이다.

여기에서 우리는 자기가 몸 안에 위치하고 있다는 것을 확인하는 데 이 안과 밖에 대한 구분을 지어주는 피부가 아주 중요한 역할을 한다는 사실을 깨닫게 된다. 엄마가 아이의 피부를 다루고 돌보는 방식은 결국 아기가 자신의 자기를 통합시키는 데 뿐만 아니라, 그의 정신건강에도 기여하는 것이다. 사람들이 불편하고 힘들 때 습진이 나는 것도 이와 같은 맥락에서 이해할 수 있다.

자기(Self)의 형성

자기는 처음부터 완성된 것이 아니라 잠재된 것이기 때문에 발달을 통해서만 비로소 실질적으로 존재할 수 있다. 그러한 초기의 비통합 상태에서 벗어나기 위해서 일어나는 과정들에는 통합, 개인화(personnalisaton), 실현(réalisation)이 있고, 이들 과정 뒤에는 엄마의 양육 태도가 있다.

자기는 우리가 태어나기도 전에 이미 존재한다. 그러나 그것이 어떻게 구성되고 형성되는지는 아기의 창조성, 엄마 그리고 양육 환경의 돌봄에 따라 달라진다.

> 기욤(Guillaume)은 1.3kg의 미숙아로 6개월 일찍 태어났다. 그는 태어난 뒤 4개월은 인큐베이터에서, 그 다음 3개월은 '작고 따뜻한 침대' 에서 지내며 생의 7개월을 병원에서 보냈다. 생의 첫 4개월 동안 그의 지평선은 인큐베이터의 경계로 한정되었다. 심리 치료를 받기 위해 나를 찾아온 여덟 살 먹은 기욤에게 있었던 문제들을 일일이 나열하지는 않겠다. 그저 아무도 그에게 가까이 다가가지 못하고 (인간관계에서 기본이 되는) 다정한 행동을 그에게 발휘하는 것이 불가능했다고만 말해두겠다. 기욤의 아버지는 그가 아들에게 가까이 다가가기라도 하면 아들은 맞는다고 생각하듯이 방어적인 태도로 팔을 올린다고 전했다. 그는 또 상처받은 목소리로 "우리 집에선 애를 안 때려요!"라고 덧붙이기도 했다.

위니캇의 이론의 빛에서 아버지의 발언과 치료과정에서 기욤이 보였던 여러 가지 행동들을 종합해서 생각해본다면, 현재 기욤이 '더 이상 안전하지 않다' 고 느끼는 기준은 인큐베이터가 정해줬던 안과 밖을 구분하는 기준이라고 생각할 수 있다. 기욤이 '침범당한다' 고 느끼는 것은 곧 그의 자기 안에 인큐베이터가 동화되어 있다는 사실을 추측하게 만든다.

몸의 여러 가지 기능, 작용을 경험하고 피부를 통해서 전해지는 감각들, 근육의 작용에서 오는 성적 경험(érotisme musculaire)들은 자기(self)가 몸 안에 위치하고 있다는 사실을 쉽게 깨닫게 한다. 이 깨달음은 아이에게는 하나의 쟁취이다. 자기는 몸의 여러 가지 기능 또는 작용의 수만큼이나 있으며, 그것들이 모여서 하나의 중심적인 자기(self)를 이룬다.

자기의 통합은 흩어져 있는 요소들이 조금씩 모이면서, 단계적으로 이루어진다.

자기의 요소가 모이는 데에는 두 가지 요소가 작용한다: 만약 개인의 경험이 주가 된다면 자기(self)의 집합은 '나-아닌 것'에 대해 적대적인 성격을 띠는, 편집증적 성향의 기원이 될 수 있다. 피해망상에 걸린 아이는 그를 진찰하고 있는 의사가 그에게 해를 가할 것이라고 생각하는 아이이다. 반대로 주가 되는 것이 주변의 돌봄일 때 아이는 자기가 해를 당할 것이라고 생각하지 않기 때문에 안심하면서 진찰이나 치료를 받아들인다. 이러한 아이의 경우 의존성이나 세상물정을 모르는 순진함이 되돌리기 힘든 수준으로 발달할 수도 있다. 피해망상이나 지나친 순진함은 둘 다 의심이 아주 많거나 너무 순진한 성인에게서 찾아볼 수 있는 극단적인 성향이다.

중심적인 자기가 바깥과 접촉하지 않은 채 격리되어 있는 것은 건강의 신호이다. 건강한 아이에게 있어서 정신이나 자기, 그리고 몸의 경계선은 거의 유사하다. 그렇다고 해서 태어날 때부터 이 둘이 겹쳐져 있는 것은 아니다.

생의 첫 몇 달을 알몸으로 따뜻한 인큐베이터 안에서 보낸 기욤은 자신의 몸의 경계를 제대로 경험할 수 있는 기회를 갖지 못했을 것이다. 그러한 이유로 이를 제대로 통합하지도 못했을 것이다.

아이들은 유령 이야기나 해리포터에 나오는, 적의 눈으로부터 주인공을 숨겨주는 '마법의 투명 망토' 같은 것에 열광한다.이러한 상상들은 자기와 육체가 일치한다는 인식이 생각보다 당연한 발상이 아니며 전능감 또한 교차된다는 견해를 지지해준다.

이와 대조되는 것으로 죽음에 임박했을 때나 큰 사고를 당했을 때, 정신이 육체 안에 확실히 자리를 잡지 못한 상태에서 종종 일어나는 유체 이탈 경험을 들 수 있다.

갓 태어난 아이를 엄마와 주변 환경이 맞이하는 방식은 자기를 구성하는 데 있어서 매우 중요한 역할을 한다. 장애나 이상을 가지고 태어난 아이가 있는 그대로의 모습으로 받아들여진다면 그는 곧 정상이고 표준이 된다. 그런 식으로 위니캇은 육체적 이상(異常)과 건강한 자기가 한 사람 안에 공존하는 것을 관찰하였다.[1]

"자기와 자기에 대한 아이의 느낌과 자아의 구성이 둘 다 무사할 수 있는 이유는 그것들이 형성되는 시기에 기본적인 기초가 되는 몸이 '정상'으로 주변에서 인식하여 그 인상을 그대로 아이에게 전해주었기 때문이다."[2]

> 태어날 때부터 오른쪽 팔대신 그것의 흔적만을 갖고 태어난 프로랑스(Florence)는 학교에 들어갈 때까지 자신이 남과 다르다는 인식을 가지고 있지 않았다. 자신의 몸 안에 잘 자리 잡고 있던 그녀는 한쪽 손을 가지고도 물건을 아주 능숙하게 다뤘고, 주변으로부터 정상적인 아이 취급을 받고 사랑을 받았다. 무엇인가가 부족하다거나 결핍되었다고 느낀 적이 없었던 것이다. 그렇게 건강한 자기를 형성할 수 있게 된 그녀는 여섯 살 때 학교에서 동년배들을

---

1 D. W. Winnicott, La crainte de l' effondrement et autres situations cliniques, Gallimard, 2000, p. 276.

2 D. W. Winnicott, Le corps et le self, in NRF- Gallimard, no 3, 1971년 봄, p. 46-7. .D. W. Winnicott, La crainte de l' effondrement et autres situations cliniques, Gallimard, 2000에 재수록.

만나고 거기서 비롯되는 '거울 효과'를 통해서 처음으로 그것이 흔들리기도 했지만 '자기 자신'이라는 하나의 단위에 대한 확고한 인식은 파괴되지 않았다.

여기에 하나 덧붙인다면, 만약 초기의 자기가 충분히 발달한 상태라면 그 자기는 충동이 출현해도 그것에 방해 받지 않고, 오히려 그것을 통해서 더욱 발전할 수 있다는 사실이다.

어린 아이의 상상 속의 친구는 단순한 공상의 산물이 아니라 초기의 자기들로서, 마법적이고 방어적인 성격을 띤다. 그것들은 환경이 어린 유아의 필요와 욕구에 충분히 맞춰주지 못했을 때 등장한다.

엄마가 너무 침범해 오거나 엄마의 돌봄이 충분하지 못했을 때 아이가 사용할 수 있는 가장 좋은 방법은 거짓 자기를 형성하는 것이다.

참 자기와 거짓 자기

참 자기와 거짓 자기는 서로 다른 두 가지 형태의 대상관계 모습으로, 아이의 욕구에 어머니가 적응에 성공했는지 실패했는지를 보여준다.

참 자기

참 자기의 가장 큰 특징으로 들 수 있는 것은 자발성(spontanéité)이다.

가장 최초 단계의 참 자기는 이론상 자발적인 행위의 출처가 되며, 나중에는 개인의 생각의 출처가 되는 단계라고 볼 수 있다. 또 다르게 말하면, 신체 감각적 활동의 총합 같은 것이라고 볼 수도 있다.

"참 자기는 심폐활동을 포함한 우리 신체 기능의 활동 및 우리를 둘러싼 표피(피부막) 의 활동 전체에서 나오며, 일차적 과정과 밀접하게 연관지어서 생각할 수 있는 개념이다."[1]

"참 자기는 갓난아기의 정신이 어느 정도 구성되고 조직되기 시작하는 순간부터 나타나며, 이는 신체 감각적 활동의 총합 정도의 것이라고 볼 수 있다."[2]

위니캇은 어머니와 처음으로 관계맺기 시작하는 단계에서 여러 가지 다양한 신체 감각적 요소들이 서로 맞아 떨어지는 이유를 어머니의 태도와 연관지어서 생각하였다. 충분히 좋은 엄마는 (그 역할을 잘 함으로써) 아기의 전능감을 충족시켜주기 때문에 아기 안에 참 자기가 싹트는 것을 가능하게 만든다. 아기의 자발적인 행위에 응답함으로써, 그녀는 그 행위를 실제로 존재하는 것으로 만든다는 이야기이다. 아기가 요람 위에 매달려 있는 모빌을 향해 손을 뻗는다. 그것을 본 어머니는 그에 반응하여 모빌을 흔들게 되고, 그것을 경험하는 아기는 즐거워한다. 그가 가지고 있는 전능감이 충족된 것이다. 아기는 이 경험을 저장하며 발달하는 데 필요한 원동력으로 삼게 되고, 그의 안에 서로 분열된 상태로 존재하던 외부/내부 세계 사이의 간격 또한 점차로 줄어든다. 이러한 경험의 반복을 통해서 참 자기가 형성된다.

참 자기만이 무엇인가를 창조하고 실재하는 것으로 느낀다. 인간 자신이 실제로 존재하고 있으며, 삶을 살아갈 만한 것이라고 느낄 수 있게 해주는 것이 바로 참 자기이다.

---

1 D. W. Winnicott, Processus de Maturation chez l' enfant, Payot, 1970, p. 125.

2 Ibid., p. 125.

위니캇의 이론에서 예상 바깥의 일들은 성장의 원동력으로 취급받는다. 참 자기가 발달하는 과정에서 큰 단절만 없었다면 환경으로부터 오는 여러 자극들은 실재한다는 느낌을 더욱 가중시키는 요소들이 된다.

따라서 참 자기가 발달한 갓난아기는 내적, 외적인 자극이 오면 전능감을 유지한 채 별 트라우마 없이 그 자극에 반응할 수 있게 된다.

거짓 자기

거짓 자기가 발달한 사람의 가장 큰 특징은 복종이며, 그의 주특기는 모방이다.

> 위니캇은 당시 세 살이 되던 피글(Piggle)에게서 거짓 자기가 발달하는 것을 관찰하였다. 어머니와의 상담 중에 그녀는 위니캇에게 피글이 예전과 같지 않으며 자기가 자기 자신으로 있기를 거부하며 그것을 말로 표현한다고 전했다. ...;"나는 엄마야, 나는 아기야."그리고 덧붙여 말했다. "그때 피글은 그녀 본래의 목소리로 말하지 않고 꾸민 듯한 목소리[1]로 말했는데, 평소 진지하게 말할 때의 목소리 어조는 그것보다 낮았습니다."

이 장면을 그 다음 치료 과정 중에서 일어나는 일과 연관지어서 바라보자. 아이에게 참 자기가 형성되는 것을 관찰하게 된 위니캇은 그것을 아이의 아버지와의 동일시와 연관지었다. 목소리

---

1 D. W. Winnicott, La petite 'Piggle', Payot, 2000, p. 30과 p. 63.

를 꾸미고 가식적으로 이야기하던 피글은 본래 목소리로 노래를 흥얼거리고 시작했고, 여기에 위니캇은 "아빠와 관련되어 있네"라고 말하면서 그 변화를 강조하고, 해석하였다.

거짓 자기를 만든다는 것은 의식적으로 혹은 무의식적으로 타자—주로 어머니인 대타자(Autre maternel)—의 욕망(désir)에 부응하기 위해서 다른 사람이 되려고 노력하는 것을 의미한다.

타협을 받아들이는 것과 타자(autre)의 욕망에 순종하는 것은 한 끝 차이이다.

막스는 "어렸을 때의 나는 다른 사람이 원하는 모습으로 있었고, 그래서 모호함 뒤에 숨어 있었다"고 슬프게 회상한다. 자기 자신을 잃을 위기에 처한 개인은 자신의 핵(核)을 침범으로부터 보호하기 위한 방편으로 그 핵에서 빠져 나오는 것을 선택할 수 있다.

의존성이 지배하는 생의 초기 단계에 있는 아기는 환경이 침범을 당하더라도 분노하거나 우울해하는 식으로 반응하지 못한다. 그것은 더 나중의 발달 단계에서 사용할 수 있는 방어 기술이기 때문이다. 그때는 단순하게 어떤 결핍 '상황'이 있고, 그 난관에 대해서 아주 절박한 반응만이 존재한다. 그리고 바로 그때 퇴행, 또는 후퇴가 일어난다. 한 개인으로 발달할 예정이었던 존재는 그 다음에 일어날지도 모르는 침범으로부터 자신을 보호하기 위해서 아주 멀리 숨어버린다. 이러한 방어 반응의 결과 거짓 자기가 배치되고, 그의 존재는 그 뒤에 숨게 된다.

분열이 일어나고 일체성과 전체성(totalité)은 사라진다.

이것은 지나치게 얌전한 아기 또는 더 나중에, 비굴하고 아첨하는 성인을 낳을 수 있다. 아주 이른 시기의 환경의 결핍은 정신분열이나 정신-신체적 사고와 같은 아주 심각한 질환의 원인이 되기도 한다.

거짓 자기는 그 사람 내면에 비현실감이나 공허감을 낳는다.

막스는 고등교육을 받았지만 자기가 가진 학위들이 아무 쓸모도 없는 것들이라고 느낀다. 그는 본래 의사가 되고 싶었지만 주위의 뜻을 따라 고위 기술자[1]가 되었기 때문이다.

거짓 자기는 자발적으로 표현되는 본래 기능들이 왜곡된 것이기 때문에 다양한 형태를 갖고 있으며, 그 표현 강도 역시 각기 다르다. 이것은 목소리나 자세(posture), 사고방식 등에서 나타날 수 있으며, 본인의 자기에 대한 이미지, 더 나아가 정체성 자체에 영향을 미칠 수 있다.

제대로 기능하는 사람에게 있어서 거짓 자기는 사회생활을 하는 데에 필요한 여러 가지 법칙들, 예의 규범, 관습 등, 생활을 하고 사회집단에 동화되어 살아가는 데 필요한 태도나 자세에 해당되는, 일차적 과정에 타협하는 능력이다.

참 자기가 제대로 가능하기 위해서는 어느 정도 거짓 자기가 필요하다.

한 사람의 정신건강은 그 사람이 꿈과 현실 사이에 있는 중간 영역에서 얼마나 잘 살 수 있느냐에 달려있다. 예를 들면, 그가 낮에는 일하고 저녁에는 그가 좋아하는 활동—요리, 바느질, 그림 그리기 등—위니캇이 '문화생활'이라고 부르는 것들을 얼마나 잘하고 있느냐에 달려 있는 것이다. 그것은 그의 자아가 그에게 주어진 환경에 잘 적응했다는 것을 의미하며, 거짓 자기의 정싱적인 활동에서 온 것이라고 볼 수 있다.

이렇게 거짓 자기는 아주 중요하고 긍정적인 역할을 한다: 거짓 자기는 환경의 요구에 순종함으로써 참 자기를 보호하는 것이다. 이것은 자기를 안전한 곳에 놓고, 보호하기 위한 기능이다. 일상에서 아주 수다스러운 사람들이 무의식적으로 상대방의 이

---

1 역주: 프랑스에서 의사의 지위는 고위 기술자보다는 하위에 있다.

야기를 잘 듣지 않거나, 너무 개인적인 질문을 피하기 위해서 화제를 돌리는 것이 바로 이에 해당된다.

이와는 반대로, 거짓 자기의 형성이 완전한 분열을 낳을 수도 있다. 즉 "마치~인양" 인격이나 "빌려온 인격"을 가지고 사는 사람을 낳을 수도 있는 것이다.

이런 사람에게는 문화적인 관심사가 없고, 그대신 매우 산만하고 집중하는 데 어려움을 겪기도 한다. 우리는 그런 사람들에게서 해리되지 않고 분리되지 않은 하나의 완전한 인격체를 기대했던 상황에서 무언가가 부족하다는 느낌을 받게 된다. 거기에는 거짓 자기가 자리하고 있는 것이다. 그리고 당사자 또한 자기가 자기 같지 않거나 자기 자신으로부터 한 걸음 떨어진 곳에 있다는 느낌을 가지며, 자신의 존재감을 느끼지도 못 한다.

그의 인격을 지배하는 것은 "마치~인양"이라는 거짓된 느낌일 수 있다.

> 스물 두 살의 조르주(George)는 계속해서 변화하는 자신의 정체성이 고민이다. "저는 제 앞에 있는 사람에 따라서 다르게 행동해요. 그것이 일과 관계된 사람이냐 친한 사람이냐는 아무런 영향도 주지 않아요. 조금 더 여성스럽게 굴기도 하고 조금 덜 그렇게 하기도 하고. ... 조금 더 어린 애같이 굴기도 하고 덜 하기도 하고. ... 옷도 마찬가지에요. 청바지에 티셔츠를 입었을 때는 사람들이 저에게 거는 기대가 덜해서, 거기에 맞추기가 더 쉽죠. ... 더 자연스럽게 입었을 때는 제 정체성을 수용할 수 있는 데, 그렇지 않을 때는 다른 사람이 정하는 것으로 돼요. ..."

이 둘 사이의 균열이 심하면, 정신분열병으로까지 갈 수 있다.

그때 그는 살아갈 이유를 잃게 되는 것이다.

청소년기에는 진정성에 대한 관심 때문에 한 동안 참 자기가 거짓 자기를 날려버릴 때가 있다.

모든 것을 이미지화하는 것을 통해 설명하는 데 능숙했던 위니캇은 모든 사람들은 자신의 영역에서 총사령관의 지휘봉을 가지고 있지만, 순종이 습관화되는 바람에 거짓된 틀 속에서 사는 사람들의 경우 그 지휘봉은 '재능과 함께 숨겨진 상태'에 있다고 주장하였다. 그리고 그런 사람들은 일종의 성격 장애로 고통받고 있다고 볼 수도 있다.

그러나 자기의 균열이 그렇게 크지 않다면, 참 자기와 거짓 자기 사이의 연결이 아직 끊어지지 않은 상태에서 그는 다른 사람들을 모방하면서 삶을 살아갈 수 있다. 그것은 흉내내기를 전문적으로 하는 연예인들이 무대 위에서 실재감을 느끼면서 흉내를 내는 것에서도 찾아볼 수 있다.

성인기에 연예인이 된 뽈(Paul)이 그랬다.

> "행복한 바보" 같은 얼굴을 하고 분석가의 사무실을 처음 찾아온 젊은이는 미소를 지으면서 그에 알맞은 동작을 취한다. ... 그는 작업복을 아주 세심하게 접은 뒤에 매우 만족스러운 미소를 지으면서 그것을 소파 위, 자기 옆에 놓는다. 연극의 한 가운데에 있는 것이다. 그는 그렇게 연기하는 자신을 바라보고 있고, 내가 그를 바라보고 있다는 사실 또한 알고 있다. 내가 그것을 지적하자 그는 "부모님은 제가 얼간이 흉내를 내는 것을 좋아했어요." 그러고 나서 "저는 어릴 때, 부모님과 이웃의 기쁨조로 마을의 바보 흉내를 내는 순간에만 인정받는다는 느낌을 받았어요."라고 말하였다.

뻘에게 있어서 "바보 흉내"는 거짓 자기 또는 제2의 본성(nature)이 되었다. 그 거짓 자기인 제2의 본성이 뻘의 상처를 안고 있고, 그의 참 자기를 품고 있는 것이다. 이러한 거짓된 태도에 사로잡혔다고 느끼기 때문에 그것을 언급하는 것이 뻘에게는 매우 괴로운 일이다. 그는 누구 앞에서도 자발적이며 자연스러운 자신의 모습으로 있지 못한다.

그런 그가 선택한 길은 무대 위에서 "자신이 웃길 관객들로부터 인정을 받고 사랑을 받는" 배우가 되는 것이었다.

거짓 자기가 우세한 사람은 뻘처럼 표면상 성공한 모습을 하고 있다. 그러나 그런 사람들을 마주하게 되면, 그들은 전체적인 인간이 아니라 가장 중요한 것이 빠진 사람이라는 느낌을 받게 된다.

우리는 거짓 자기와 주지적 활동 사이에서 종종 연관성을 찾아볼 수 있다.

높은 잠재력을 가진 사람에게서 거짓 자기가 형성될 때, 그 거짓 자기는 그의 정신을 자신이 머물 장소로 삼는다. 그런 경우 정신적 활동과 정신-신체적 실존 사이에는 분열이 일어난다.

예를 들면 우수한 성적으로 학업을 마치고 '좋은 배경'을 갖추게 된 사람이 몸과 분리된 것 같은 기분—체육 활동을 전혀 하지 않고, 사회관계도 별로 맺지 않으며, 놀이나 손으로 하는 작업에 흥미를 보이지 않는 등—을 끌어안고 사는 것도 같은 현상이라고 볼 수 있다.

창조자, 예술가와 자기의 탐색

창조활동은 어떤 특별한 재능을 요구하지 않는다. 우리가 스스로 실재한다고 느끼고, 어떤 과제를 완수하면서 '자기다움'을 느낀다는 것은 우리가 우리 내면 깊이 있는 자기와 공명하며 우리의 삶을 창조적으로 살고 있다는 것을 의미한다.

창조자/예술가가 되기 위해서는 특별한 재능 이상의 것이 요구된다: 창조적인 예술가란 자신의 원초성(originaire), 원시적인 자기와 접촉하고, 그의 내면세계에서 놀이를 좋아하는 아이, 즉 충동적인 아이와 연결을 아주 잘 하는 사람이다.

자신의 자기를 찾는 사람은 분명히 창조적인 삶을 사는 과정에서 어떤 빈 틈을 경험해본 사람이다. 그런 사람은 예술적인 관점에서 성공적인 작품을 만들어 세간의 인정을 받는다고 해도 자신의 참 자기를 찾는 데는 실패했다고 느낄 수 있다.

위니캇은 예술가에는 두 가지 유형이 존재한다고 보았다.

한 유형은 거짓 자기에서 출발하여 그가 가진 재능과 그가 배운 것들을 통해서 현실을 재생산하는 사람이다. 그 사람은 그런 다음에 그것들을 그의 참 자기가 창조한 날 것 그대로의 표상(représentation crue)들과 연결하려고 애쓴다. 폴도 이러한 유형의 사람으로서, 이는 위대한 모방가들에게서 흔히 볼 수 있는 경우이다.

또 다른 유형은 그의 비밀스러운 자기에서 만들어낸 날 것 그대로의 표상에서 출발하는 사람이다. 그러나 처음에는 그런 표상들은 다른 사람들에게 아무런 의미를 가지지 못한다. 하지만 이런 유형의 사람들은 다른 사람들에게서 배신감을 느낄지라도 그것들을 다듬고 세련되게 해야 한다. 이 두 유형의 예술가들에게 있어서, 그들이 해야 하는 일은 참 자기와 거짓 자기를 통합하기 위해서 그 둘 사이에 있는 균열에서 벗어나는 일이다.

제 10 장
정신-신체적 증상: "휴! 이제 곧 그치겠지!"

정신-신체적(psychosomatique)이라는 표현은 그것이 어떤 단어와 함께 쓰이느냐에 따라 전혀 다른 의미를 나타낸다. 정신-신체적 발달을 이야기한다면 거기에는 미래, 희망, 올바른 개별화 과정(6장)을 이야기하고 있다고 볼 수 있다. 대조적으로 이 단어가 "증상"이라는 말과 함께 쓰인다면, 그 말은 질병과 관련된다고 보면 된다. 1964년에 위니캇은 "정신-신체적 질병의 긍정적인 측면과 부정적인 측면"[1]이라는 굉장히 흥미로운 글을 발표한다. 두 개의 표제어로 이루어진 제목은 그의 사고방식을 잘 보여준다. 정신-신체적 질병을 긍정적인 측면과 부정적인 측면 두 가지 시각을 통해 보는 것이 위니캇답다.

'정신'과 '신체' 두 개의 단어로 이루어진 정신-신체적이라는 단어는 혼란의 두 가지 양상—육체적 및 정신적—을 떠오르게 한다. 위니캇의 말을 따르면, 여기에서 중요한 것은 그 두 개의 지향(指向)을 잇는 선, 즉 개인의 상처나 불편함이 표출될 수 있는 영역이다. 그에게 있어서 정신-신체적 질병을 다루는 치료사

---

1 D. W. Winnicott, "Psycho-Somatic Disorder" in International Journal of Psycho-analysis, 1966.

는 두 마리 말의 고삐를 동시에 잡고 있으면서, 그 둘을 갈라놓으려고 하는 요소가 무엇인지를 찾아야 하는 처지에 있다. 위니캇에게 있어서 정신-신체적 질환은 개인의 발달 과정 중에 일어나는 기능장애의 표출이자, 그것을 모두 해결할 수 있는 기회이기도 하다.

초기의 경험들

위니캇은 정신-신체적 '증상'이 생겼다는 것은 아주 이른 시기에 개인의 발달 과정에서 이상이 생겼기 때문이라고 보았다. 다르게 말하면, 아이가 엄마와 융합된 상태인 시기에 발달의 단절이 일어났음을 가리킨다. 그런 것을 두고 우리가 "정신이 딴데 가 있다"라거나 "옷을 뒤집어 입었다"라고 흔히 표현하는 해리(dissociation) 현상을 이야기할 수 있다.

정신-신체적 질병이 생겼을 때 우리는 아기의 초기 경험, 즉 아기에게 자기(self)가 형성되고, 존재의 핵이 형성되는 시기에 어떤 일들이 있었는지를 살펴보는 것이 필요하다. 아기의 정서 발달에 대한 지식을 이용해서 정신-신체적 증상이라는 최후의 단절을 일으킨 근본적인 원인이 되는 고착을 찾아야 하는 것이다.

그래서 "일반 성인의 진료과가 아니라, 아이와 엄마를 함께 보게 되는 소아과에서 정신-신체적인 문제에 대한 단서를 찾아야 한다."[1]

실제로 아이들은 조직과 작동 체계의 손상—일차 또는 이차

1 D. W. Winnicott, La nature humaine, Gallimard, 1990, p. 41.

적으로 정신 현상과 관련된—을 연구하는 데 있어서 가장 많은 자료를 제공한다. 아동을 대상으로 하는 연구의 조건들이 더 간단하기도 하지만, 성인의 여러 가지 정신 상태에 대한 이해는 그의 어린 시절에 대한 이해 없이는 불가능하다.

엄마의 젖을 먹을 때 아기는 어머니의 욕망(désir)과 향락(jouissance)은 물론 나르시시즘까지 같이 취하게 된다. 그래서 우리는 그것을 통해서 엄마와 아기의 초기 관계가 얼마나 중요하고, 그와 같은 경험이 아이(infans)의 몸에 얼마나 깊이 새겨지는지를 알 수 있다.

아기를 돌보는 환경의 결핍에 따른 것이든, 아니면 침범에 따른 것이든, 이른 시기의 트라우마는 아기 안에 엄청난 불안을 낳으며 자기애적 균열(faille narcissique)을 낳는다. 그리고 그런 불안과 균열은 정신-신체적 증상과 거짓 자기—미성숙한 참 자기를 보호하는 동시에 짓누르기도 하는—의 뿌리가 되는 심각한 해리와 분열의 원인이 된다.

약 1년 전 분석을 종료했던 파니(Fanny)가 분석가의 사무실을 다시 방문했다. 그 사이 이제 10개월이 된 아들 안토낭(Antonin)이 태어났다. 그는 튼튼하고 침착한 아기이고, 세 살 된 그의 누나인 로라(Lola) 또한 잘 자라고 있다. 로라는 질투심을 발휘하며 남동생을 조금 괴롭히기는 하지만 어머니의 눈에 그다지 이상하지는 않은 수준이다. 그녀는 아주 발랄한 성격으로 주변의 관심을 많이 요구하며 자리를 많이 차지한다.

"모든 게 다 편안해요"라고 말하지만, 파니(Fanny)가 다시 찾아왔다는 것은 어떤 문제가 있다는 소리이다. 실제로 몇 개월 전부터 안토낭은 기관지 천식을 앓고 있으며, 그것이 어머니의 고민거리이다. 그는 왜 그런 무의식적 표현을 하게 되었는가? 그는 무엇을 말하려고 하는 것일까? 진료보조 부문에서 일하는 파니의 이야기를 듣고, 그녀와 함께 이유를 찾아본 분석가는, 연구 결과에 따르면, "천식을 앓는" 아기들에게서 공통적으로 발견되는 사실은 그 아기들에게는 그들만의 정신적 공간 또는 심리적 공간, 즉 놀이의 공간을 형성하는 데 어려움이 있다는 사실을 전한다. 로라의 탄생이 파니에게 얼마나 큰 침범으로 다가왔는지를 기억하는 분석가는 한 마디로 엄마-아이 사이의 공간에 문제가 있는 것으로 결론지었다.

핵심을 찔린 파니는 방어적으로 나오면서 분석가가 방금 말한 것을 무효로 만들려고 변명을 늘어놓는다: "로라는 매우 명민하며, 수다스럽고 창조적인 아이로, 정신적으로 발달이 아주 잘 되어 있는 편이다. 그녀는 자신만의 정신적 공간을 마련하는 데 아무 문제도 없다!"라고 말하면서, 어떻게든 분석가의 추측이 틀리다는 것을 증명하려고 들었다. ... 그러다 갑자기 마음에 무엇이 걸린 듯, 침묵에 빠져든다. 그녀의 머릿속에는 어릴 때 로라가 아주 불안해하며 이모에게 던졌던 한 마디가 기억난 것이다: "머릿속에서 숨을 제대로 쉬지 못할까 봐 불안해!";그 한 마디가 안토냥의 천식과 연결되면서 이런 생각을 하게 된 것이다. 로라가 말로 표현할 수 있었던 것을 안토냥은 몸으로 경험하고 있는 것은 아닌가? 생각을 더 이상 할 수 없게 될까 두려워했던 딸과 숨 쉬는 데 어려움을 겪는 아들. 파니는 생각하는 것과 숨 쉬는 것 사이의 유사성을 깨닫게 된 것이다.

로라의 발언은 천식 환자의 발언이다. 실제 천식 환자는 발작을 할 때 숨이 막히고, 뇌가 느리게 작동하며, 임사 체험 또는 생각이 사라지는 경험을 이야기한다.

> 그 다음 파니는 딸이 종종 자신을 거부할 때가 있는데, 그럴 때면 "숨 막히게 만들어!" 같은 말을 주고받는다는 사실을 언급한다. 통속적인 이미지 뒤에는 얼마나 깊은 진실들이 있는가? 그녀는 그 다음 자신이 얼마나 공백을 견디지 못하는지, 그리고 그 때문에 '침범당한 침범자'의 모습으로 대응하는지에 대해 이야기했다.

이렇듯 어머니와 동일시한 로라는 평소 주변 인물들에게, 그중에서도 특히 남동생에게 '침범당한 침범자'처럼 행동한다. 그녀의 그러한 방어적인 행동은 그녀가 자신의 정신적 공간이 침범당하고 위협당한다는 느낌을 지우는 데는 역부족이다.

누나보다 어린 안토낭은 그 미성숙함 때문에 더 발달한 방어기제를 사용할 수 없다. 자아가 아직 형성되지 못했기 때문에 그는 아무런 매개체 없이 몸으로 직접 반응하는 것이다. 말 그대로 그에게는 공기가 부족하고, 숨 쉬는 것이 불편하다. 이것은 정신-신체적 질병이 자리 잡는 데 최적의 조건이다.

정신-신체적 질병

진짜 질병은 분열, 즉 몸과 정신의 분열이다. 그러나 정신-신체적 질병에 걸린 환자의 경우, 그의 신체적 증상 자체를 병으로 보기보다는 그것을 심리내적 분열의 신호로 보는 것이 더 적절하다.

위니캇은 사람에게는 본래 인격을 통합하고, 외부의 공격에 방어를 하며, 그것을 이기는 힘이 존재한다고 믿었다. 분열(clivage)이나 해리(dissociation) 같은 방어는 본래 자기를 보호하기 위한 것이지만, 결국에는 개인을 지치게 만든다.

정신-신체적 장애를 겪는 환자들의 입에서 종종 들을 수 있는 "휴, 이제 곧 그치겠지!"라는 말은 그 환자들이 내적으로 겪고 있는 분열 경험의 종료가 그에게 안기는 안도감의 표현으로 다가온다. 그 말 속에는 그들이 이제는 하나의 통일체를 회복할 수 있을 것이라는 희망과, 그들이 이제 안전한 피난처를 다시 찾을 수 있을 것이라는 희망이 담겨 있는 것이다.

말하자면 그들의 안도의 한숨 속에는 지금—대부분의 시간 동안—해리 상태를 경험하는 환자들이 그 병을 그들 안에서 일어나고 있는 어떤 것을 변화시킬 수 있고, 그들의 삶에서 재출발을 위한 기회로 삼고 있다는 사실을 말해주는 것이다.

정신-신체적 질병은 긍정적인 것들을 포함하고 있는 부정적인 것이다.

정신-신체적 질병이 긍정적인 것은 그것이 개인의 인격을 포함하여, 여러 가지 것들을 통합하게 해주기 때문이다. 즉, 그것은 그 환자로 하여금 개별적인 자기를 확립하게 하면서, 정신과 신체 사이에서 하나가 되게 하는 타고난 성향을 보여주는 것이다.

목표: 정신과 신체의 화해

위니캇은 정신-신체적 질병의 무의식적 목표는 정신이 육체를 지배하는 상태에서 벗어나 정신이 본래 긴밀한 관계를 맺고 있던 육체와의 관계를 회복하는 데 있다고 생각하였다.

그 목표는 심각한 병이 생기는 것을 감수하고서라도 정신/육체의 일치성(unité)를 되찾는 것이라는 말이다. 즉 사람들이 하나가 되어서 그렇지 않은 것들의 유혹으로부터 벗어나는 것이다.

> 서른세 살 먹은 필립(Philippe)은 그의 몸과 감정과 분리되어 정신적인 것에만 가치를 두고 산다. 그가 천식 발작을 심하게 일으키는 것은 그러한 그의 내적 분열 상태를 잘 드러낸다: 그의 육체가 자신의 존재를 주장하는 것이다.
> 그래서 가끔 퇴행이 긍정적인 방향으로 작용할 때면, 필립은 주말에 숲을 찾아가 충전할 필요를 느낀다. 땅 위에 누워서 대지, 젖은 잎사귀가 뿜어내는 깊고도 진한 냄새를 맡으며, 어머니 대지와의 실질적이고도 환상적인 접촉을 하는 것이다. 이런 식으로 그는 자신의 일체성을 다시 경험한다.
> 그리고 만약 숲에 가는 것이 불가능할 때면, 그는 그런 향내가 나는 손수건을 사용해서 그 냄새를 맡는다.

원인: 발달의 중단

정신-신체적 질환은 '나'와 '나 아닌 것' 사이의 구분과 형성과정이 멈춘 것을 의미한다.

정신-신체적 혼란은 약한 자아(moi)와 직접적으로 연결되어 있다. 그리고 그러한 약한 자아는 충분히 좋지 않은 엄마와의 경험과 관련되어 있을 뿐만 아니라, 인격의 발달이 제대로 이루어지지 못했음을 보여준다.

충분히 좋지 못한 환경은 정신-신체적 혼란을 유발하며 다음과 같은 결과로 귀결된다:

-약한 자아

-인격의 발달 과정에서 자아가 자신이 머무를 장소를 제대로 건설하지 못하는 상황.

> 뇌혈압 상승 발작이 동반되는 매우 고통스러운 신경질환을 앓고 있는 어린 소년 올라프(Olaf)는 치료시간 중에 갑자기 이렇게 외친다: "작은 자동차(아이가 자신에 대해 가진 이미지를 말한다)를 주차시킬만할 주차장이 없어요!". 그가 쉴만한 장소가 없다는 뜻이다.

그는 이렇게 "내가 아니다"라는 감정을 느끼면서 껍질 속으로 들어가고, "나는 존재한다"로부터 철수하는 것이다.

병을 앓고 있는 사람들에게는 정신-신체적 연결이 상실되는 동시에 그것을 복구하려는 경향들이 이어진다. 예를 들어, 그러한 경향들은 참을 수 없는 졸음이 몰려오거나, 막스의 경우에서처럼 어머니인 대지와 접촉하려는 듯이 바닥에 드러누워야 하는 욕구를 느끼는 것 등으로 나타나는데, 그것은 단순한 욕망을 넘어서는 것이다. 그것도 아니면 이인증 환자의 경우에서처럼, 시간과 공간을 분간하지 못한 상태에서 자신을 다시 찾으려는 무의식적 노력으로 나타나기도 한다. 거기에는 신체적인 것이 잃어버린 연결을 되찾는 일에 참여하려는 긍정적인 측면이 들어있다. 말이 부재한 상태에서 몸이 말을 하고, 무엇인지 표현할 수 없는 것을 표현하는 것이다.

위니캇은 오래된 피부질환들, 즉 만성적인 피부 염증과 그로 인한 불편함—습진이나 건선이나 무사마귀 등—은 그 환자가 환경과의 관계에서 어떤 한계 상황에 도달했음을 나타내는 것이라고 강조하였다. 따라서 그의 인격이 그 상황을 못견더한다는 것이다. 그 증상들 뒤에는 자아의 해체에 대한 위협과, 자신이 해체되고 있다는 불안이 감추어져 있는 것이다.

정신-신체적 증상, 통합되지 못한 "과거"에 대한 치료 시도

정신-신체적 증상에는 그것이 옛날에 있었던 정신적 외상에 접근할 수 있는 기회를 제공하고, 과거에 겪었지만 그의 정신구조에서는 찾을 수 없는 자아의 붕괴(용어 해설을 참고하시오)에 다가갈 수 있게 하는 긍정적인 측면이 있다. 혼수상태에 빠질 정도로 큰 충격을 겪었지만 정작 본인은 아무것도 기억하지 못하는 교통사고의 경우를 살펴보자.

그 환자의 증상은 그의 생애 초기에 있었던 자기애적 분열로 다가갈 수 있는 기회를 제공해주었다.

> 리즈(Lise)의 사례가 그 예이다. 세 번째 아이를 출산한 리즈는 정신-신체적 증상에 해당하는 심한 우울증에 걸렸다. 그 '사고'는 아기 시절 그녀에게 트라우마 경험으로 남은 어머니의 우울증과 다시 마주할 기회를 주었다. 현재의 경험은 그 전에 있었던 그 트라우마 경험을 비로소 과

거의 것이 될 수 있도록 해주었다. 그렇게 하면서 그녀는 본래는 어머니에게 향했던 비난의 화살을 자신에게 돌리는 일을 그만둘 수 있게 되었다.(2장)

"초기의 해체 불안은 자아가 현재의 시간 속에서 그 경험을 거두어들이지 못하면 결코 과거의 것으로 되지 못한다."[1]

그 불안은 자신을 기록할만한 공간을 먼저 찾아내야 한다. 그런 의미에서 정신-신체적 증상의 발병이나 심각한 우울증은 통합되지 못하고 떠돌고 있는 과거의 경험과 현재의 경험 사이에 있는 연결을 드러내면서 정신-신체적 일체성의 회복 가능성일 수 있다.

결국 인간에게는 본래 통합을 향한 성향이 있는 것이다.

치유의 열쇠

치유는 균열에서부터 벗어나고, 해리가 더 이상 제 기능을 하지 못하는 데서 이루어진다. 그 과정에서 사람들에게는 그가 실재하고 있으며, 전체가 되었다는 느낌을 가지게 된다. 그 결과 사람들은 인생은 살만한 가치가 있는 것이라고 느끼게 된다.

치유의 두 가지 열쇠 중 하나는 충동이고, 다른 하나는 꿈이다. 충동은 해방시켜주고, 꿈은 연결시켜준다. 이 두 가지가 해리 상태에서 나와 일체성을 되찾으려는 주체가 가지고 있는 두 가지 수단에 해당된다.

---

1 La crainte de l' effondrement et autres situations cliniques, p. 210.

충동은 꿈의 자양분이 된다. 사람들은 꿈을 꾸고, 그것을 기억할 때마다 꿈이 대단히 소중하다는 것을 느낀다. 그것이 사람들에게 해리 상태로부터 벗어나게 해주기 때문이다.

결론

"용납해서는 안 되는 일의 대표적인 예가 바로 참된 자기(vrai soi)를 배신하는 일이기 때문에 모든 시대의 시인과 철학자, 예언가들은 이 참된 자기를 찾는 데 노력했다."[1]

'충분히 좋은 엄마'에 대한 개념은 하나의 발견이다. 우리는 아기 곁에 그가 신뢰할 수 있고 변하지 않는 어머니—그리고 더 확장해서 모성적 환경 전체—가 필요하다는 사실을 예로부터 계속 확인할 수 있었다. 이 사실을 개념화한 것이 바로 '충분히 좋은 엄마'라는 개념으로, 이는 하나의 발견이다. 그녀는 아기와 외부 세계와의 만남을 주선하는 중재자이며, 그의 내면세계의 탐방에 동행하는 동행자이다. 어머니가 아기를 돌보는 방법이 혼란스러우면 아기 또한 무질서하고 혼란스러운 내면세계를 형성하게 된다. 다른 한편, 만약 카림의 어머니처럼 수다스럽고 사교적인 사람이라면—아이가 여자 아이든 남자 아이든—그 아이는 주변에서 놀랄 정도로 어린 나이부터 자발적인 성향을 보이며, 언어를 통해서 주변 사람들과 친밀하게 지내는 능력을 가지게 될 것이다.

1 D. W. Winnicott, Conversations ordinaires, Gallimard, 1988, p. 73.

보통 엄마들이 충분히 좋은 엄마가 되기 위해 최선을 다한다고 할지라도, 엄마들에게 주어진 과제는 막중한 것이다. 그렇기 때문에 그녀들에게는 그녀들을 보호하고 도와주고 지원해주는 환경이 필요하다.

우리는 흔히 위니캇의 이론에서 아버지의 자리는 존재하지 않는다고 생각한다. 그러나 아버지는 실제로 그의 이론에서 핵심적인 역할을 맡고 있으며 확실하게 존재한다.

위니캇이 중요성을 계속해서 강조했던 충분히 좋은 모성적 보살핌이 아버지의 배제를 의미하지는 않는다. 아버지가 어머니의 부속물이란 뜻도 아니다. 아기에게 있어서 어머니와 긴밀하게 맺었던 정신적, 육체적 연결의 경험은 그에게는 무엇과도 바꿀 수 없는 중요한 경험이다. 또한 어머니의 뱃속—어머니의 몸을 통해서 전해지는 소리, 냄새, 움직임—에 있는 동안이나 생후 3~4개월 동안 어머니라는 존재에게는 생물학적으로 정해진 어떤 특별한 기능이 있을 정도로 아기에게 매우 중요한 존재이다. 그럼에도 불구하고, 아버지 또한 그 자신이 아기였던 시절의 경험을 가진 존재이며, 그런 이유로 아버지 안에는 그가 아기였을 시절에 어머니와 함께 했던 경험들의 기록과 흔적들이 남아 있다. 남성들도 개인에 따라 갓난아기가 필요로 하는 보살핌을 잘 감지하고 아기를 잘 보살피는 능력이 차이가 나는 것도 그런 경험들이 그의 무의식에 남아 있기 때문일 것이다. 더 나아가 그런 경험의 흔적 중에는 고태적(archaïque) 흔적들이 있어서 아버지 본인이 어머니가 되기를 바라면서, 아내의 자리를 차지하고, 그녀보다 더 어머니 노릇을 잘하고 싶다는 생각을 하는 것도 가능하다. 그리고 아버지의 이러한 생각은 아버지와 어머니, 갓난아기 세 사람으로 구성된 삼인조 관계를 복잡하게 만드는 원인을 제공할 수도 있다.

아버지는 누구인가?

생의 초기의 아버지는 '좋은 어머니'가 됨으로써 잠시나마 하나의 역할을 맡을 수 있다. 다시 말해서 원래는 어머니가 제공하는 보살핌을 아버지가 잠깐이나마 수행한다.

아버지의 또 한 가지 역할은 마치 누에고치처럼 둘만의 세계 안에 빠져 있는 어머니-아기 단위가 외부로부터 어떠한 방해도 자극도 받지 않도록 그들 주변의 환경을 보호하는 일이다. 그는 모성적 돌봄의 성격을 결정하며, 그것을 구성하는 근본적인 요소인 어머니와 아기 사이의 특별한 연결고리 사이에 끼어들만한 일체 요소들을 배제시키는 역할을 맡고 있다.

그렇게 되면 "어머니는 그녀가 팔로 감싸고 있고, 아기가 그 중심에 있는 원에 시선을 집중시킨 채, 그 원의 바깥쪽 일을 처리하기 위해서 다른 쪽으로 고개를 돌리지 않을 수 있다."[1]

아기와 어머니의 관계가 고조되는 시기, 즉 상대적 의존성이 자리 잡기 시작하는 시기에 어머니는 '퉁퉁 불은 젖'으로서의 존재가 아니라 또 다른 능력을 지닌 존재로서 자신을 느낄 필요가 있다. 바로 그때 남편 안에 있는 남성적인 힘은 그녀에게 크나큰 도움을 줄 수 있다.

"집에서 아버지는 어머니의 몸과 정신을 편안하게 만드는 데 꼭 필요한 존재이다. ..."[2]

하나의 개별적인 단위로 자신을 형성하는 아기가 "통합을 이루기 위해 아버지를 투사지처럼 이용한다"[3]고 말하면서, 위니캇은 그것을 아버지와의 동일시라고 말하지는 않았지만, 결국 우

1 D. W. Winnicott., L' enfant et sa famille, Payot, p.160;1971, p.24.

2 Ibid., p. 133.

3 D. W. Winnicott, La crainte de l' effondrement et autres situations cliniques, Gallimard, 2000, p. 255/258.

리는 그것을 모방을 넘어서는 동일시로 볼 수 있다. 여기서 아버지는 결국 통합되고 전체성을 이룬 존재의 표본이다.[1]

아이들은 "그들이 아버지를 관찰하면서 그들이 보는 것 또는 본다고 생각하는 것들을 바탕으로 ... 이상(idéal)을 형성한다." 예를 들면, 아버지는 일 이야기를 하면서 아이가 가진 세상에 대한 시각을 넓혀주고, 그의 삶을 더 풍부하게 만들어줄 수 있다.

"아이에게 어머니와 아버지의 결합, 즉 그들이 이루는 조합은 그가 그것을 중심으로 환상을 만들 수 있고, 거기에 매달릴 수도 있는 든든한 바위와도 같다. ... 어머니가 아이에게 법과 질서의 가치를 심어주려고 할 때 아버지는 그것들을 체화(體化)하는 역할을 맡음으로써 도덕적인 측면에서 어머니를 지지하고 돕는 역할을 한다."[2]

보호자로서의 아버지가 가진 또 다른 면모는 한계를 설정하는 이로서의 기능을 할 때이다. 필요한 경우 그는 엄격해질 수도 있다. 그는 항상 아이 옆에 있을 필요는 없지만 아이가 자신이 실제로 존재하고 살아있다는 것을 느끼며, 그것을 통해서 그의 상징적 기능을 발달시킬 수 있을 만큼 자주 함께 있어 주어야 한다.

아기가 자아 강화의 단계를 지나서 자신의 정체성을 확립하는 단계로 넘어갈수록, "즉 내재된 통합에의 경향이 아기를 환경 쪽으로 나아가게 만들 때 ... 제 삼자는 아주 중요한 역할을 맡는다(적어도 나는 그렇다고 생각한다)."[3]

아이의 발달과정 동안 아버지에 대해 어머니가 가지고 있는 이미지는 어떠한지, 그녀의 내면세계에서 그의 이미지는 어떠한

1 Ibid. p. 258.
2 Ibid p. 258.
3 Ibid., p.133.

지, 그리고 현실에서 그녀가 그의 말을 얼마나 신용하고 있는지에 주의를 기울일 필요가 있다. 아버지는 어느 순간 어머니의 대리물이었던 적이 있을 수도 있고, 그런 적이 없을 수도 있다. 그러나 그는 차츰 어머니와 확실히 구별되면서, 위니캇의 말에 따르면, 아주 중요한 물건—남근—을 가진 매우 중요한 부분 대상이 된다. 어머니 주관적인 현실에서 일어나는 아버지 이미지의 변화는 아이 안에 동경이나 그의 흉내를 내고 싶은 마음, 그와 경쟁하고 싶은 마음 등 여러 가지 새로운 감정들을 낳는다.

『아이와 그의 가족』이라는 소책자에서 위니캇은 가족 안에서 아버지의 위치와 역할에 대해 마음껏 이야기한다. 그러면서 그는 그 주제가 너무 넓어서 전부 설명하기 힘들다고 여겼다. 그럼에도 불구하고 그가 언급한 것 중에 한 가지를 말해본다면, 그가 아버지와 딸 사이에는 아주 중요한 유대 관계가 존재할 수 있다고 한 것을 말할 수 있다. 그는 남자 형제들은 누이에게 있어서 아버지와 다른 남성들을 구분하는 과정에서 중간 다리 역할을 한다고 말한다. 딸은 그녀 안에 있는 여성성을 통합하기 위해서 아버지를 필요로 한다. 그런 이유로 어머니는 남편에게 딸과 산책을 권유하지만, 사실 그녀는 그 순간 크나큰 박탈감을 느낄 수 있다. 어머니야말로 사실은 남편과 단둘이 있고 싶은 마음일 것이다!

우리가 사는 사회가 변한만큼 새로운 형태의 '안아주기'를 찾아보아야 할 것이다. ... 가족 내에서 아버지가 새로이 부여받은 역할 외에도, 일터로 나가는 어머니들을 돕기 위해 교대 양육(shift-parenting)같은 것들이 생겨났다.

위니캇은 어머니들이 충분히 오래 일을 쉬며 그들의 아이를 돌볼 수 있다면 그 아기는 보다 쉽게 세상에 적응할 수 있게 될 것이라고 생각했다. ...

그 외에도 삶에 눈을 뜨는 자식을 지켜볼 수 있는 어머니들의 기쁨 또한 결코 작지 않다고 보았다.

공격성의 문제

지금도 여전히 이슈화되는 공격성의 처리라는 문제에 대해 위니캇은 깊은 관심을 기울였다. 그것은 항상 그의 현안이었다.

이 문제에 대해 오늘날의 사회는 36개월 된 아이들에게 검사를 실시하여 난폭한 아이들을 미리 걸러내는 것으로 문제를 해결하려고 든다. 만약 위니캇이 이런 사태를 봤다면 무슨 말을 했을까?[1]

위니캇은 공격성이란 인간성 안에 처음부터 내재된, 타고난 것이요, 생의 약동의 근원이 되는 것 중 하나라고 말한다. 그래서 그것을 제거하기보다는 다스리고 길들여서 긍정적인 힘으로 변화시킬 것을 권장하였다.

위니캇은 현재 이슈화되고 있는 신체적 징벌의 문제를 특별히 다루지는 않은 것 같다. 하지만 그는 방랑 행위 문제로 그에게 3개월 간 상담을 받는 동안 증오를 표출했던 아홉 살 먹은 소년처럼 반사회적 태도를 가진 아이들을 돌보았다.

그러한 사례보고들을 통해서 우리는 아이들을 대하는 위니캇이 얼마나 강하고 확고하면서도 자상한 태도—감상적인 태도가

---

1 2005년 당시 프랑스 내무부 장관은 범죄 예방 관련 법안의 일환으로 36개월 된 아이들에게 (건강) 검사를 실시하면서 그들의 잠재적인 비행 가능성을 조사해 범죄를 예방하겠다는 계획안을 내놓았으나 수많은 단체들의 반발로 이 계획은 무산되었다.

배제된—로 그들을 대했는지 알 수 있다. 그는 증오라는 감정은 부정되거나 일반화되었을 때에만 위험한 것이 된다고 생했다. 이 세상에 있는 그 어떤 어머니라도 자신을 시험하는 아이에게 어느 순간 (치료사도 마찬가지이다) 증오심을 느낀다고 말한 그가 아닌가? 환상과 현실의 구분은 바로 이런 순간 중요한 것이다: 이 둘의 혼동은 보복으로 이어질 수 있다.

1950년에 동료 의사인 스코트에게 보낸 서신에서 위니캇은 다음과 같이 썼다[1]:

"제가 형법 개정에 대해서 매우 신중한 입장을 가지고 있다는 사실을 잘 알고 계실 것입니다. ... 감상주의는 그것이 어떠한 형태를 취하고 있든지 없느니만 못하다는 것이 제 생각입니다. ... 대중은 가해자나 반사회적 경향성을 가진 사람들과 동일시하는 것을 통해서 그들에게 관대한 태도를 보이며 그들을 향해 죄책감을 느끼는 경우가 많습니다..."

그는 "한 공동체의 무의식적 복수심에 대한 보고"에서 "사법절차의 가장 중요한 기능은 집단 폭행을 방지하는 데 있다. ..."고 하였다.

감상주의는 증오심의 가면이다. 법은 '눈에는 눈, 이에는 이' 식의 복수를 막고, 개인이 스스로 자신의 복수를 하려는 것을 방지한다.

제4의 공간

위니캇이 세 번째 공간, 다시 말해서 중간 영역의 존재를 발견하고 그것을 이론화했다면, 현대 사회는 소리와 이미지로 이루

---

1 D. W. Winnicott, Lettres vives, Gallimard, 1989, lettre 82, p. 54.

어진 비물질적인 상상의 공간 또는 가상의 공간을 만들고 또 발전시켰다.

이것은 위니캇 이론에 나오는 현실—외계, 내계, 중간계—과는 다른 새로운 형태의 현실이다.

'가상' 이라는 단어 안에는 인터넷, 텔레비전, 이메일, 웹캠, 블로그, 게임 등 매우 다양한 용도를 가진 도구들이 포함된다.

그리고 그 도구들은 커다란 영향력을 행사하며, 아이들이 몸을 담고 있는 환경의 일부를 구성한다. 우리가 이 도구들에 대해 더 잘 알아야 하는 이유도 가족이나 학교처럼 우리의 사회화 과정 및 문화 전달의 매체가 되는 이 도구들을 제대로 사용할 수 있기 위해서이다.

현재 우리 삶의 배경이 된 이 새로운 현실에 우리는 아이나 어른 할 것 없이 적응해야만 하는 처지에 놓여 있다.

여기에서 우리는 세 가지 질문을 떠올릴 수 있다: 요즘 부모들은 충분히 효과적인 '안아주기' 를 제공하고 있는가? 꿈과 상상계 사이에 있는 네 번째 공간은 삶을 배우는 것이라는 맥락에서 우리는 그것을 위니캇이 설명했던 중간 단계적 기능을 수행하는 공간으로 볼 수 있는가? 가상 세계의 도래가 현대 사회에 미치는 영향력을 파악하는 데 있어서 위니캇의 이론은 우리에게 어떤 도움을 줄 수 있는가?

부모의 안아주기

오늘날의 환경과 같은 상황에서 갈피를 잡지 못하고 아이를 어떻게 돌보아야 할지 당혹스러움을 느끼는 부모들이 많다.

어떤 부모들을 텔레비전을 보모처럼 사용한다: 아주 나이가 어린 유아들을 대상으로 하는 텔레비전 프로그램들도 생겼다. 텔레비전을 보는 아이는 그 이미지들을 마실 뿐, 그것을 통해서 무엇을 얻거나 그것을 가지고 놀지는 않는다. 그러나 유아에게 필요한 것은 노는 법을 익히고 스스로 무언가를 창조하고 만들어내는 것이지, 바깥에서 유입되는 이미지들에 '헛되이' 자극받거나 그것들에 반응하는 것이 아니다.

프랑스와즈 돌토는 2세 이하의 아이를 텔레비전 앞에 놓아두지 말 것을 권장했다. 텔레비전에서 제공되는 이미지들을 일찍 접하게 된 아이는 자기 이미지와 동일시하는 창조적인 경험(거울 단계에 해당)을 놓치게 된다. 그 기회를 빼앗기는 것이다.

조금 더 나이를 먹은 아이들의 경우는 좀 더 부모의 주의가 요구된다. 부모는 제한을 두고 그것이 실제로 지켜지는지에 유의해야 하며 제한의 도입으로 인해 발생하는 아이들의 실망이나 불만을 어떤 일이 있더라도 감당할 것을 각오해야 한다.

중간 영역의 문제

위니캇이 중간 대상이라는 이름을 붙이고 개념화한 대상은 실체를 가진 것인 동시에 상상의 산물이기도 하다. J.D. 나지오는 이를 두고 "유명한 정신질환 사례들"[1]에서 대상을 "어머니를 상징하는 복제품"이라고 말하기도 하였다. 이 중간 대상은 아이의 오감을 자극하는 유기체적 물질성을 가지고 있다. 그에 반해서 가상의 대상은 최소한의 감각만을 필요로 한다. 화면에서 이미

1 J.-D. Nasio의 지도 아래 Les grands cas de psychose, Payot, 2000이 출판되었다.

지를 나오게 하려면 버튼 하나만 누르면 되며, 이때 자극받는 것은 시각과 청각일 뿐이다.

가상의 대상, 즉 아바타—3D의 인간형 캐릭터. 게임에서 만나볼 수 있는 다양한 형태의 우리의 자기애적 복제물—는 자기애적 대상으로서, 우리 자신의 이상적인 모습이다. 완벽하게 조절하고 통제할 수 있는 그 대상은 사람들과 교류를 맺지 않는다.

아이가 중간 영역에서 행하는 놀이들은 그의 육체 전체를 사용하기 때문에 아이가 세상을 발견하는 데 기여한다. 아이는 그때 게임에서와는 달리, 다른 사람들의 행동에 반응만 하는 상태에 있지 않고, 꿈에서처럼 자신의 환상을 마음껏 펼칠 수 있는 상태에 있다.

어떤 게임들은 실제 시간이나 공간의 개념과는 무관하게 돌아가는 비현실적인 몽환(夢幻)이다. 게임에서—게임은 위니캇이 말하는 '놀이'와는 다르다—시간과 공간의 한계란 거의 존재하지 않는다. 그 안에서 전능감은 최고조에 달하며 현실로 돌아오는 길은 결코 순탄하지 않다. 그러한 유형의 게임들은 그것을 즐기는 플레이어가 본인의 공격성을 길들이는 데에는 물론 그가 세상과 관계 맺는 데도 전혀 도움을 주지 못한다.

게임을 하고 있는 플레이어는 화면에서 일어나는 일들이 전부 자기로부터 비롯된다고 착각하게 되는 마법의 세계 안에 살고 있다. 요람에서 딸랑이만 흔들면 젖병이 눈앞에 등장할 것이라고 믿는 아기처럼 말이다.

그런 경우 중간 영역(transitionnalite)에 기대지 못해서 가상의 대상과 가상 세계에 기대는 것은 임시 방편에 불과하다. 그리고 그것은 여러 가지 중독으로 이어질 수 있다.

그러나 게임들 중에는 아이의 창의성을 실제로 요구하는 게임들도 있다. 예를 들어, 아이가 공공건물을 짓기 위해서 그 공간을 단계적으로 계획하고 여러 가지 수단을 마련하여 도시를 건설하는 게임이 그것이다. 이때 아이는 예상 외의 사건들에 부딪히게 되고, 자신에게 주어진 사물들만 가지고 해결책을 마련해야만 한다.

이런 종류의 창조활동은 현실 세계를 상상하는 데 유용한 구성 요소가 될 수 있다.

위니캇의 이론이 우리에게 말하는 것은?

환상을 품는 것과 꿈을 꾸는 것, 그리고 살아가는 것 사이의 관계에 대해서 위니캇이 우리에게 이야기하는 것들은 오늘날 가상 세계가 젊은이들에게는 물론 우리 세계에 어떠한 영향을 끼치는지를 이해하는 데 도움을 준다.

위니캇이 제시하는 공상을 하는 것과 꿈을 꾸는 것 사이의 차이, 해리와 억압의 차이를 통해서 우리는 주체가 가상 세계에서 어떤 식으로 기능하는지를 파악할 수 있다.

위니캇은 공상을 낮에 꾸는 꿈인 백일몽처럼 건설적이지 않고, 개인의 성장에 아무런 기여도 하지 않는 텅 빈 것으로 보았다. 그리고 꿈을 꾸는 것은 진정한 자기 자신으로 있으면서 실제의 대상과 관계를 맺고 살아가는 것으로 보면서, 그 반대 선상에 있는 것이 공상 속에 머무는 것이라고 보았다.

게임은 "컴퓨터의 보조를 받는 공상"의 성격을 띨 수 있다. 그런 성격을 띠게 되면 그 게임은 방어적이고 강박적인 기능을 수행하게 된다.

게임은 중간 영역에서 창의적인 놀이를 하고 있는 아이의 활동과는 한참 떨어져 있다. 꿈이 현실세계에서의 대상관계와 나

란히 가는 것과 달리, 공상에 빠지는 것은 소외 현상에 해당되는 것이다.

꿈은 연결을 끊지 않는다. 그것은 억압과 관련되며 대상과 맺은 관계를 유지한다. 공상은 이중적인 해리에 속한다. 신체와 정신 사이의 해리, 그리고 정신 안에서의 해리이다. 그리고 그 결과, 그것은 접근이 불가능한 것이 된다.

어떤 아버지가 게임에 중독된 아들을 컴퓨터에서 떼어놓으면서, 자신의 아들을 알아보지 못했다고 말한 적이 있다. 그 아버지는 자신이 꼭 컴퓨터 화면에서 빠져나온 캐릭터가 된 것 같은 느낌을 받았는데, 아들도 아버지에 대해 똑같이 느꼈다고 한다. 그런 경우 그 아들은 자신에게 아버지만큼의 힘이 있다고 느낄 수 있고, 그것은 아이에게 오히려 불안감—자신이 보호받지 못함—을 줄 수도 있다.

위니캇은 공상과 상상을 구분하는 것이 어렵다는 점을 지적하기도 했다.

위니캇은 상담 중 "나는 분홍색 구름 위에 있어요. 그리고 그 위로 걸을 수 있어요"[1]라고 말하는 여성 환자의 예를 들었다. 그는 그것이 공상의 세계로 도피하는 것 일수도 있고, 아니면 "우리 삶을 더 풍부한 것으로 만들기 위해서 상상 속에서 행하는 일"일 수도 있다고 말한다. 만약 그녀가 해리 상태에 있는 것이라면, 그 삶은 아무런 변화도 없이 정체된 채로 있을 것이다. 그리고 바로 그것이 공상과 상상을 가르는 척도가 될 것이다.

위니캇이 항상 말했듯이 중요한 것은 대상 자체가 아니라 우리가 그것을 어떻게 사용하는가이다.

위니캇은 마법사이며 그의 이론은 아직도 발견하고 활용할 수 있는 것으로 가득한 보물상자이다.

---

1 D. W. Winnicott, Jeu et réalité, Gallimard, 1975, p.41 이하.

용어 해설

멸절 불안 Angoisse d'annihilation: 안아주는 시기 동안에 아기에게 내재된 타고난 잠재력은 존재의 연속성으로 변한다. 그와는 반대로, 침범이 일어날 때 존재의 연속성을 파괴하고 멸절 불안 또는 소멸 불안을 야기하는 반응이 있다. "나는 나이다"(Je suis), "나는 살아있다." "나는 실재한다"의 반댓말이 멸절 불안이다.

소멸 불안 Angoisse de disparition: 더 이상 존재하지 않게 되는 것에 대한 불안.

통각 Aperception: 통각은 어머니와 융합하는 경험을 하게 되는 아기의 주관적 경험과 관련된다. 말하자면 아기는 어머니의 시선에서 자기 자신을 보게 된다는 것이다. 그것을 통해서 아기는 자기 자신으로서 존재한다는 느낌과 실제로 존재한다는 느낌을 받는다. 이 통각은 지각(perception)을 앞선다.

경계선 Borderline: 경계선 장애와 인접한 개념으로서, 신경증과 정신증 사이를 구분하고 표시하는 용어이다. 위니캇에게 있어서 경계선 장애의 근원에는 정신증이 자리하고 있지만, 신경증적 구조가 충분히 발달하여 환자가 겉보기에는 정상인처럼 일상생활을 영위할 수 있는 사례를 의미한다.

균열 Clivage: 균열은 자아 안에 상반되는 입장이 공존하는 것을 가리킨다. 균열은 정신과 육체 사이 또는 지성 안에 그리고 인격 안에 존재할 수 있다. 반에서 항상 일등을 하는 수재가 정작 운동은 전혀 못하거나, 암산 능력은 뛰어나지만 글은 전혀 배우지 못하는 자폐아, 또는 다른 여성들은 전부 증오하면서 모든 장점을 다 갖춘 어머니만을 열렬히 사랑하는 남성 등이 그런 예이다. 균열은 정상적이고 유용한 과정이지만 병리적일 때도 있다(거짓 자기).

오이디푸스 콤플렉스 Complex d' Oedipe: 오이디푸스는 그리스로마 신화에 나오는 영웅으로 아버지를 죽이고 어머니와 결혼한 인물이다. "프로이트가 자신의 이론을 설명하기 위해 언급한 가장 쉬운 예를 보면, 남자 아이는 자기 어머니에게 사랑을 느끼며 아버지는 도덕의식의 원형(prototype)으로 이용된다." 갈등과 긴장 상태는 아이의 초기의 충동적 기능이 최고조에 달하는 시기인 두 살에서 다섯 살 사이에 치솟은 뒤 다시 잠잠해진다. 그 이유는 그때 아이는 한편으로는 어머니를 향한 그의 욕망이 무력하다는 사실을 깨닫는 동시에 다른 한편으로는 아버지에 의한 거세 공포를 느끼기 때문이다.

존재의 연속성 continuité d' etre: 자신의 뿌리와 만나는 아기의 개인적인 경험을 가리킨다. 이 연속성 위에서 아기는 불가피한 침범 경험들을 통합해내고 성장한다. 중요한 의미를 지닌 이 연속성이라는 용어의 반대편에는 단절이라는 용어가 있다.

일차적 창조성 créativité primaire: 위니캇은 사람에게 본래적인 창조적 잠재력이 존재하며, 아기는 이론상 그의 첫 식사[1]에 해당하는 첫 포유(哺乳) 시 개인적으로 기여해야 하는 부분이 존재한다는 가설을 세웠다.

죄책감 Culpabilité: “죄책감은 두 어머니, 즉 차분하게 사랑을 베푸는 어머니와 흥분시키는 사랑을 베푸는 어머니의 결합에서 생긴다. 그리고 이 결합은 사랑과 증오가 하나인 것을 보여준다. 죄책감을 경험할 수 있는 능력은 인간의 발달에서 이룩한 성취이다.”[2]

박탈 Déprivation: 진정한 박탈은 단순한 상실이 아니다. 박탈의 바탕에는 충족되지 못한 기본적인 욕구가 있다. 박탈당했다는 것은 만족스런 삶을 경험한 다음, 실패가 교정되지 않는 상황을 경험했다는 것을 의미한다. 이러한 경험을 하게 된 아이는 실패의 교정 경험을 다시 야기하고자 주변을 자극하고 문제 상황을 만들어 실패가 발생한 순간에 멈추어버린 그의 삶의 흐름을 바르게 되돌리고자 시도한다. 박탈은 상대적 의존의 시기인 3~4개월에서 18개월~2세 사이의 시기, 즉 아이가 자기 주변의 존재를 인식하기 시작한 시기에 어머니와의 관계에서 일어난 실패를 가리킨다.

해체 Désintégration: 정신병리학에서 해체는 인격의 분열을 사용하는 방어에 해당된다. 해체는 대상과의 관계에 내재하는 파괴성이 발휘되는 것을 방지하고, 이전에는 융합된 상태로 있었던 에로틱한 요소와 파괴적인 요소의 결합을 깨뜨리는 작용을

1 Winnicott D.W., La nature humaine, Gallimard, 1990, p.145.
2 Winnicott D.W., De la pédiatrie à la psychanalyse, Payot, 1969, p.241.

한다. 해체는 상상조차 할 수 없는 불안으로부터 자신을 보호하기 위해 혼돈을 사용하는 방어다.

남근적 욕망 Désir phallique: 인간의 성(性)에는 본질적으로 불완전함과 불만족감이 자리잡고 있다. 아이는 그의 미성숙함에서 비롯되는 두 가지 부조화로 인해 고통을 받는다: 첫 번째 부조화는 그의 전능 욕망과 실질적인 육체 능력 사이의 부조화이고, 두 번째 부조화는 근친상간에 대한 금기가 명백하게 증명하는 그와 어머니 사이의 무력한 욕망의 부조화이다. 이 두 부조화로 인해 3~5살 사이의 아이는 남근을 모든 결핍의 지시대상이자 욕망의 기표 signifiant로 삼게 된다. 실제 대상이자 상상의 대상이던 남근은 상징적인 원상(原象)이 되어, 이질적인 대상들이 그와 동등한 가치를 가진 성적 대상으로 되면서 욕망의 대상이 되거나 대리적 대상이 된다. 사람들이 흔히 갖는 권력욕이나 재물욕, 수집욕 또는 옷을 끊임없이 구매하거나 반에서 일등이 아니라 이등 '밖에' 못하는 것을 견디지 못하는 것 등이 이에 속한다. 또한 어린 여자아이들이 엄마처럼 아기를 갖고 싶어 하는 것도 남근 욕망에서 온다. 그래서 어머니에게 아기는 개별적인 인간인 동시에 남근적 대상, 즉 남근적 욕망의 대상이기도 하다.

남근적 욕망은 성별의 구분 없이 모든 여성과 남성 안에 존재하며, 부분적이며 제한적으로 작용한다. 여기서 남근적 욕망은 사람들이 무한하고 파괴적인 욕망으로 치닫는 것으로부터 보호하는데, 그것에 대한 예가 마약 복용의 경우이다.

해리 dissociation: 해리는 비통합의 문제에서 비롯된다. 그것은 "복잡다단한 균열"[1]의 경우에 해당하는데, 이때 전체 인격이 분

---

1 Winnicott D.W. , Lettres vives, lettre 82 a Masud Khan, Gallimard, 1989, p.184.

열되는 것은 아니다. 비통합이 혼란을 야기한다면, 해리는 부분적 단절을 가져온다.

애완인형 Doudou: 위니캇이 중간 대상에게 붙인 온화하고 다정한 이름. 애완인형은 혼합 대상으로 아이가 절대 떨어지고 싶어 하지 않는 실제적이면서 동시에 상상적이고 상징적인 대상이다. 애완인형은 보호하고 안심시켜주는 어머니의 특성을 갖고 있다.

촉진적 환경 Environnement facilitant: 아기가 가지고 태어난 모습 그대로 그의 생리적인 측면에서의 발달과 주변 환경과의 사이에서 상호작용이 자연스럽게 이루어질 수 있도록 돕는 환경을 말한다[1]. 아기가 성장하는 만큼 그의 욕구들도 함께 성장하며(말하고 걷고 나중에 그가 물려받은 문화 유산에 대한 욕구) 이에 맞춰서 촉진적 환경도 아기 안에 잠재된 것들이 발현되는 방향으로 나아간다.

침범 Empiètement: 아기의 존재의 연속성을 끊어 놓는 것을 가리킨다. 중요한 침범의 첫 번째 예로는 탄생을 들 수 있다. 이때 몸과 관련된 공간적인 양상과 시간적인 양상(아이가 하는 경험의 지속시간)이 개입한다. 침범을 당하는 개인은 외적 자극(돌봄 차원에서의 결핍)이나 내적 자극(충동, 고통)에 의해 잠식된다. 대처 가능한 정도의 침범은 개인을 발전시키는 방향으로 나아가게 만들 수도 있지만, 침범의 정도가 지나칠 경우 개인을 후퇴시키는 결과를 낳을 수도 있다. 침범의 반대편에는 자발성이 있다.

1 Winnicott D.W. , Le bébé et sa mère, Payot, 1992, p.45.

붕괴 Effondrement: 자아가 정신적 외상(trauma)을 받으면 거기에서 야기되는 불안을 통합하지 못하고 분열되며, 그에게는 억압보다 더 극단적인 방어체계가 구축된다. 예를 들어, 최근에 어머니를 잃은 알랭은 그의 일부분과 단절되어 아무 일도 일어나지 않은 것처럼 행동하며, 아무 감정도 느끼지 않는다. 자아가 어머니의 죽음이라는 경험을 통합하지 못했기 때문에 그것을 자신의 현실 속에 존재하지 않는 것으로 만들어버렸다. 그래서 알랭은 항상 무너져버릴 것 같다는 두려움을 안고 산다. 불안을 야기한 경험은 체험되어야만 과거의 것이 될 수 있다. 알랭의 두려움은 그 자신도 모르는 불안들이 그의 내면에 자리 잡고 있기 때문이다.

영 Esprit: "영은 정신-신체(psyché-soma)의 꼭대기에 있는 장식이다."[1] 정신-신체의 발달을 생각할 때 영은 가장 바깥쪽에 있으며, 존재의 가장 표피적인 것이다.

존재 being: 존재는 모든 것의 시원에 있다. 존재가 없으면 인간이 하는 일(faire)에는 아무 의미도 없어진다. "내가 존재한다(I am)라는 말은 먼저 내가 나와 아직 분화되지 않은 다른 사람과 함께 있다는 말이 전제되지 않는다면 아무 의미도 갖지 못한다. 그래서 우리가 다른 말을 하기보다는 존재에 대해 이야기하는 것이 낫다. 나는 나다라는 표현은 그 다음 단계에 해당되는 표현이다."[2]

다루기 Handling: 갓난아기를 다루고, 취급하는 방식을 말한다.

1 La nature humaine, op.cit., p.49

2 Le bébé et sa mère, op.cit., p.30.

안아주기 Holding: 아기를 물리적으로, 심리적으로 지탱해주는 것을 말한다. 아기를 실제로 안아주는 것을 포함하는 환경의 모든 양육적인 면모를 가리킨다. 아기에 대한 어머니의 몰두도 아기를 지탱하는 한 방법이다. 그리고 위니캇은 정신분석적 치료 또한 이러한 환경을 재생하는 것이라고 보았다.

유아 Infans: 아직 말을 하지 못하는 젖먹이.

통합 Intégration: "통합이라는 단어는 건강한 개인에게서 볼 수 있는 성장과 실현에의 성향이다. 성장과 실현을 통해서 개인은 온전한 하나의 인격을 갖춘 존재가 된다. 그렇기 때문에 이 통합은 시간적인 차원의 성격을 갖는다."[1] 통합이라는 단어는 발달에의 성향과 통일에의 성향이라는 두 가지 움직임을 연상하게 한다.

충분히 좋은 엄마 Good enough mother: 충분히 좋은 엄마는 보통 엄마이고 아기의 욕구에 맞춰서 다양하게 적응할 줄 아는 엄마이다. 아이가 창조력을 발휘하여 그녀와 세상을 창조할 수 있을 만큼만 '부족' 할 줄 아는 엄마이다.

충분히 좋은 모성적 돌봄 Maternage suffisament bon : 모성적 기능을 이상화하지 않았던 위니캇의 입장을 잘 보여주는 표현이다. 충분히 좋은 보살핌은 부족하고 실수도 하지만 그것을 바로잡을 줄 아는 일반적인 엄마의 보살핌이다.

자아 moi: 자아에 대한 개념은 학자에 따라 많이 다르다. 위니캇은 자아를 육체의 경계라는 측면('나' 와 '나-아닌 것' 개념은

1 Lettres vives, lettre 82 a Masud Khan, op.cit., p.184

여기서 나옴) 그리고 그것을 구성하는 신체-정신적 통합 과정의 측면에서 바라보았다. 자아와 자기(soi) 개념은 종종 혼동되어 사용되는 경향이 있다.

거울 Miroir: "거울의 전조가 되는 것은 어머니의 얼굴이다."[1] 삶에 발을 막 내딛은 아기가 어머니를 볼 때 보는 것은 바로 그 자신이다. 실제로 아기를 바라보는 어머니의 얼굴은 그녀가 보고 있는 것을 그대로 비추고 또 표현하며 아기는 그것을 지각한다.

비통합 Non-intégration: 초기 상태 또는 병리적일 경우 의존성과 연관된 상태를 가리킨다.

대상 Objet: 그것이 실제 물건이든(인형, 자전거) 상상적 혹은 표상적인 것이든(시합에서의 승리) 상징적인 것이든(이상에 해당되는 것) 충동이 향하는 대상을 가리킨다. 이 대상이라는 용어는 사람을 가리킬 수도 있다.

대상 a' objet(a): 라캉이 이름 붙인 성적 충동의 대상이다. '소문자 a'는 타자 autre를 가리키는 단어의 첫 글자에서 왔다.

나르시시즘 Narcissisme: 타인에 대한 사랑에 대응되는 자신을 향한 사랑(자기애)을 가리킨다. 또한 아이의 심리성적 발달단계 중의 하나로서, 자체성애 단계와 대상애 단계 사이에 있다.

" .. 인양" 인격 personnalité "comme si": 거짓 자기를 바탕으로 형성된 분열된 인격으로서, 거짓되고 부자연스러운 느낌을 준다.

---

1 Jeu et réalité, op. cit., p.153.

온전한 사람, 건강한 사람 Personne totale, Personne saine: 온전한 사람이란 일체성을 이룬 사람으로서, 그는 안과 밖의 구분을 확실하게 하는 경계막에 대한 인식을 가지고 있다.

피글 Piggle: 영국에서 아이들에게 흔히 주는 부드럽고 온화한 별명이다. 프랑스어에서 이에 상당하는 말은 "내 사슴", "내 토끼" 정도이다(우리 말로 하면 "내 새끼", "내 강아지"가 될 것이다). 어린 피글은 위니캇이 분석했던 아주 어린아이의 사례를 소개한 책이다.

우울적 자리 Position dépressive: 관심의 국면. 그 시기는 젖떼기의 시기에 위치한다. 시간에 대한 개념의 발달, 사실과 환상의 차이에 대한 평가, 특히 개인의 통합에 의해 영향을 크게 받는다. 생후 6개월에서 12개월 사이에 일어난다.

초기의 모성적 몰두 Préoccupation maternelle primaire: 초기 모성적 몰두는 "특별한 정신과적 상태"로서 위니캇은 이것을 가리켜 "일종의 퇴행상태, 해리상태, 가출상태, 또는 더 나아가 분열성 사례(épisode schizoïde)와 같이 더 심한 장애상태"로 보았다. 정상적으로 건강한 어머니는 이 "정상적인 질병"에 걸렸다가 나을 수 있다. 아기의 육체적, 정신적 건강은 그것에 달려 있다[1].

충동 Pulsion: 인간을 움직이고 만족을 얻으려는 행동을 하게 만드는 리비도적 약동이고, 생물학적 동력이다.

생생하게 느끼다 Se sentir réel: 이것은 "존재하는 것 이상을 의

1 De la pédiatrie à la psychanalyse, op.cit., p.285.

미하며 자기 자신으로서 존재하는 방법을 찾는 것이다. ... 그것은 스스로가 피난처가 되고, 긴장을 풀 수 있는 자기를 갖기 위해 필요하다."[1]

자기 Self: "개성 또는 어떤 것의 순수한 본질"(옥스포드 사전). 참 자기는 "자발적인 행위와 개인적인 생각이 나오는 곳이다." 거짓 자기는 참 자기를 보호하기 위해서 형성되는 방어이다. 거짓 자기는 그것이 숨겨주고 있는 사람의 비본래적인 부분으로서, 그 뒤에는 절대 외부로부터의 접근을 불허하는 그 사람의 핵(核)이 존재한다. 그러므로 거짓 자기가 우세한 사람이 보이는 모습은 그의 참된 모습이 아니다. 참 자기와 거짓 자기는 세상과 관계를 맺는 두 개의 다른 양식이다[2]

젖떼기 Sevrage: "젖을 떼는 시기는 아이가 장난감을 떨어뜨리며 놀 수 있게 되는 시기와 같다. 생후 5개월 경에 나타나기 시작하는 이 놀이는 12~18개월의 아이를 특징짓는 요소이다."[3]

관심 Sollicitude: 관심은 충동적 관계의 파괴적 요소와 그 관계의 긍정적인 면모 사이의 연결을 표현한다. 관심을 갖는 능력은 아기와 엄마 사이의 이원적인 관계에 속한다. 관심은 그것이 죄책감이라고 느끼지 못하면서 가지는 죄책감이다[4]. 그것이 공격을 당했건 그러지 않았건 대상의 처지, 운명에 자신도 관련한다고 느끼는 능력이 관심이다.

---

1 Jeu et réalité, op. cit., p.161

2 Winnicott D.W., Processus de maturation chez l' enfant, Payot, 1970, p.125.

3 L' enfant et sa famille, op.cit., première partie, chapitre 7 et 12.

4 Winnicott D.W., Déprivation et délinquance, Payot, 1994.

스퀴글 Squiggle: 위니캇이 개발한 의사소통 기술로서, 그는 상담을 받기 위해 찾아온 아이들과 진정으로 접촉하는 수단으로 이 놀이를 사용했다.

중간 Transitionnel: 공간, 대상, 현상이라는 용어의 앞부분에 붙는 품질 형용사. 이것은 꿈과 현실 사이, 어머니와 아기 사이, 외부와 내부 사이의 매개적인 것을 가리킨다. 중간 영역은 아이의 창조성에 의해 운영되는 특별한 공간으로서, 아기가 점진적으로 세상에 적응하며 나아가게 하는 공간이기 때문에 반박이나 모순을 지적 받을 일이 없는 환상과 역설의 왕국이다. 문화 경험은 바로 그 토양에서 생겨나고 자라난다. 중간 대상은 실재하면서 상상적이며 상징적인 대상이다. 이는 엄마인 동시에 아이이며, 충분히 좋은 엄마의 특성을 가지고 있다. 중간 현상은 다양하게 존재하며 상상과 놀이에 속한다. 이는 아기가 세상과 창조적인 관계를 맺기 시작했다는 사실을 보여준다.

화체(化體) Transsubstantiation: 위니캇은 기독교에서 성찬의 빵과 포도주가 예수의 살과 피가 된다는 믿음에서 비롯된 종교적 용어를 차용하여 이것을 중간 현상에서 엿볼 수 있는 마법 같은 창조적이고 상상적인 삶과 연결시킨다[1].

---

1 Jeu et réalité, op. cit., avant-propos, p.3.

참고문헌

Donald Woods Winnicott,

"Psycho-somatic Disorder, Psycho-somatic Illness in Its Positive and Negative spects", *International Journal of Psycho-analysis*, 1966.

______________________ . *De la pédiatrie à la psychanalyse*, Payot, 1969.

______________________ . *Processus de maturation chez l' enfant*, Payot, 1970.

______________________ . *La consultation thérapeutique et l' enfant,* Gallimard, 1971.

______________________ . *L' enfant et sa famille*, 1971, Payot.

______________________ . "Le corps et le self", in NRF- Gallimard, no 3, 1971

______________________ . *L' enfant et le monde extérieur*, Payot, 1957, Petite bibliotheque Payot, 1972.

______________________ . *Jeu et Réalité*, Gallimard, 1975.

______________________ . *Conversations ordinaires*, Gallimard, 1988

______________________ . *Lettres vives*, Gallimard, 1989.

______________________ . *La nature humaine*, Gallimard, 1990.

______________________ . *Le bébé et sa mère*, Payot, 1992.

______________________ . *Déprivation et délinquance*, Payot, 1994.

______________________ . *La Petite 'Piggle' : Traitement psychanalytique d' une petite fille*, Payot, 2000.

______________________ . *La crainte de l' effondrement et autres situations cliniques*, Gallimard, 2000.

______________________ . *L' enfant et sa famille*, Payot et Rivage, 2002.

J. Abram, *Le langage de Winnicott*, Popesco, 2001.

A. Clancier, J. Kalmanovitch, *Le paradoxe de Winnicott,* publié avec le concours du

Centre national du livre, In Press.
L. Dethiville, *Donald Winnicott. Une nouvelle approche*, Campagne première, 2008.
T. Gautier, "La source", *Emaux et Camées*, Recueil de poemes, Gallimard, 1981.
J.-P. Lehmann, *La clinique analytique de Winnicott. De la postion dépressive aux états-limites*, Erès, 2003.
J.-D. Nasio, *Enseignement de 7 concepts cruciaux de la psychanalyse*, Rivages, 1988.
__________ . *Les grands cas de psychose*, chapitre " Qu' est-ce qu' un cas?", Payot, 2000.
H. O' Dwyer de Macedo, *De l' amour à la pensée,* L' Harmattan, Emergences, 1994.
A. Phillips, *Winnicott ou le choix de la solitude*, L' Olivier, 2008.
R. Roadman, *Winnicott, sa vie, son oeuvre*, Erès, 2008.
L' Arc no. 69, "D. W. Winnicott", 1977
Nouvelle revue de psychanalyse, Gallimard, printrmps, 1971, n° 3, "les lieux du corps", Winnicott D.W.- "le corps et le self".
1975, n° 11, "Figures du vide", Winnicott D.W., Article posthume, "La crainte de l' effondrement".
1977, n° 15, "Mémoires", H. Guntrip, "Mon expérience de l' analyse avec Fairbain et Winnicott".
1986, n° 33, "L' amour de la haine", M.I. Little., "Un témoignage: en analyse avec Winnicott".
Esquisses psychanalytiques 1987-1988, n° 7-8-9-10-11, O' Dwyer de Macedo, "Introduction à la pensée de D.W. Winnicott".

한국심리치료연구소 총서

◇정기 간행물

000 정신분석 프리즘

◇대상관계이론과 기법 시리즈

멜라니 클라인
- 001 멜라니 클라인
- 002 임상적 클라인

도널드 위니캇
- 003 놀이와 현실
- 004 그림놀이를 통한 어린이 심리치료
- 005 성숙과정과 촉진적 환경
- 006 박탈과 비행
- 007 소아의학을 거쳐 정신분석학으로
- 008 가정, 우리 정신의 근원
- 009 아이, 가족, 그리고 외부세계
- 010 울타리와 공간
- 011 참자기
- 012 100% 위니캇

로널드 페어베언
- 013 성격에 관한 정신분석학적 연구

크리스토퍼 볼라스
- 014 대상의 그림자
- 015 환기적 대상세계
- 016 끝없는 질문
- 017 그들을 잡아줘 떨어지기 전에

오토 컨버그
- 018 내면세계와 외부현실
- 019 대상관계이론과 임상적 정신분석
- 020 인격장애와 성도착에서의 공격성

◇대상관계이론과 기법 시리즈

그 외 이론 및 기법서
- 021 심각한 외상과 대상관계
- 022 정신분석학적 대상관계이론
- 023 대상관계 개인치료1: 이론
- 024 대상관계 개인치료2: 기법
- 025 대상관계 부부치료
- 026 대상관계 단기치료
- 027 대상관계 가족치료1
- 028 대상관계 집단치료
- 029 초보자를 위한 대상관계 심리치료
- 030 단기 대상관계 부부치료
- 031 대상관계이론과 정신병리

◇하인즈 코헛과 자기심리학 시리즈

- 032 자기의 분석
- 033 자기의 회복
- 034 정신분석은 어떻게 치료하는가?
- 035 하인즈 코헛과 자기심리학
- 036 하인즈 코헛의 자기심리학 이야기1
- 037 자기심리학 개론
- 038 코헛의 프로이트 강의

◇아스퍼거와 자폐증

- 039 자폐아동을 위한 심리치료
- 040 살아있는 동반자
- 041 아동 자폐증과 정신분석
- 042 아스퍼거 아동으로 산다는 것은?
- 043 자폐아동의 부모를 위한 101개의 도움말
- 044 자폐적 변형

◇비온학파와 현대정신분석

045 신데렐라와 그 자매들
046 애도
047 정신분열증 치료와 모던정신분석
048 정신분석과 이야기 하기
049 비온 정신분석사전
050 전이담기
051 상호주관적 과정과 무의식
052 숙고
053 분석적 장: 임상적 개념
054 상상을 위한 틀
044 자폐적 변형

제임스 그롯슈타인
055 흑암의 빛줄기
056 그러나 동시에 또 다른 수준에서 I
057 그러나 동시에 또 다른 수준에서 II

마이클 아이건
058 독이든 양분
059 무의식으로부터의 불꽃
060 감정이 중요해
061 깊이와의 접촉
062 심연의 화염
063 정신증의 핵
064 신앙과 변형

도널드 멜처
065 멜처읽기
066 아름다움의 인식
067 폐소
068 꿈 생활
069 비온 이론의 임상적 적용

◇정신분석 주요개념 및 사전

070 꿈 상징 사전
071 편집증과 심리치료
072 프로이트 이후
073 정신분석 용어사전
074 환자에게서 배우기
075 비교정신분석학
076 정신분석학 주요개념
077 정신분석학 주요개념2: 임상적 현상
049 비온 정신분석 사전

◇사회/문화/교육/종교 시리즈

078 인간의 욕망과 기독교 복음
079 살아있는 신의 탄생
080 현대 정신분석학과 종교
081 종교와 무의식
082 인간의 관계경험과 하나님 경험
083 살아있는 인간문서
084 신학과 목회상담
085 성서와 정신
086 목회와 성
087 교육, 허무주의, 생존
088 희망의 목회상담
089 전환기의 종교와 심리학
090 신경증의 치료와 기독교 신앙
091 치유의 상상력
092 영성과 심리치료
093 의례의 과정
094 외상, 심리치료 그리고 목회신학
095 모성의 재생산
096 상한 마음의 치유

한국심리치료연구소 총서

◇사회/문화/교육/종교 시리즈

097 그리스도인의 원형
098 융의 심리학과 기독교 영성
099 살아계신 하나님과 우리의 살아있는 정신
100 정신분석과 기독교 신앙
101 성서와 개성화
102 나의 이성 나의 감성

◇아동과 발달

103 유아의 심리적 탄생
104 내면의 삶
105 아기에게 말하기
106 난 멀쩡해. 도움 따윈 필요 없어!
003 놀이와 현실
004 그림놀이를 통한 어린이 심리치료
005 성숙과정과 촉진적 환경
006 박탈과 비행
007 소아의학을 거쳐 정신분석학으로
008 가정, 우리 정신의 근원
009 아이, 가족, 그리고 외부세계
010 울타리와 공간
011 참자기
012 100% 위니캇
039 자폐아동을 위한 심리치료
042 아스퍼거 아동으로 산다는 것은?
043 자폐 아동의 부모를 위한 101개의 도움말

◇자아심리학/분석심리학/기타 학파

107 C.G. 융과 후기 융학파
108 C. G, 융
109 하인즈 하트만의 자아심리학
110 자기와 대상세계
111 프로이트의 정신분석학

◇스토리텔링을 통한 어린이 심리치료 전집

112 스토리텔링을 통한 … 심리치료(가이드 북)
113 감정을 억누르는 아동을 도우려면
114 강박증에 시달리는 아동을 도우려면
115 마음이 굳어진 아동을 도우려면
116 꿈과 희망을 잃은 아동을 도우려면
117 두려움이 많은 아동을 도우려면
118 상실을 경험한 아동을 도우려면
119 자존감이 낮은 아동을 도우려면
120 그리움 속에 사는 아동을 도우려면
121 분노와 증오에 사로잡힌 아동을 도우려면

◇정신분석 아카데미 시리즈

122 성애적 사랑에서 나타나는 자기애와 대상애
123 싸이코패스는 누구인가?
124 영조, 사도세자, 정조 그들은 왜?
125 정신분석에서의 종결
126 자폐적 대상에 대한 정신분석학적 연구
127 정신분석과 은유
128 정신분열증, 그 환상의 세계로 가다
129 사라짐의 의미
130 제4차 산업혁명에 대한 정신분석적 고찰

◇초심자를 위한 추천도서

001 멜라니 클라인
003 놀이와 현실
012 100% 위니캇
029 초보자를 위한 대상관계 심리치료
035 하인즈 코헛과 자기심리학
072 프로이트 이후
111 프로이트의 정신분석학
131 왜 정신분석인가?

현대정신분석연구소 수련 과정 안내

이 책을 혼자 읽고 이해하기 어려우셨나요? 그렇다면 함께 공부합시다!
현대정신분석연구소에서 이 책의 내용에 대한 강의를 들으실 수 있습니다.

현대정신분석연구소는 1996년에 한국심리치료연구소라는 이름으로 창립되어, 국내에 정신분석 및 대상관계이론을 전파하는 선구자적 역할을 해왔습니다.

정신분석을 연구하고 교육하는 기관으로서 주요 정신분석 도서 130여 권을 출판 하였으며, 정신분석전문가 및 정신분석가를 양성하고 있습니다.

또한 부설기관인 **광화문심리치료센터**에서는 대중을 위한 정신분석 및 정신분석적 심리치료를 제공하고 있습니다.

현대정신분석연구소에서는 미국 뉴욕과 보스턴 등에서 정식 훈련을 받고 정신분석 면허를 취득한 교수진 및 수퍼바이저들로 구성되어 있으며, 뉴욕주 정신분석가 면허 기준에 의거한 분석가 및 정신분석전문가 프로그램을 운영하고 있습니다. 프로그램에서는 프로이트부터 출발하여 대상관계, 자기심리학, 상호주관성, 모던정신분석, 신경정신분석학, 애착 이론, 라깡 이론 등 최신 정신분석의 이론에 이르는 다양한 이론들을 연구하는 포용적eclectic 관점을 채택하고 있습니다.

프로그램에서 요구하는 요건들을 모두 충족하고 프로그램을 졸업하게 되면, **사단법인 한국정신분석협회**에서 공인하는 'Psychoanalyst'와 'Psychoanalytic Psychotherapist' 자격을 취득하게 됩니다. 이와 동시에 현대정신분석연구소와 결연을 맺은 미국 모던정신분석협회Society of Modern Psychoanalysts, SMP에서 수여하는 'Psychoanalyst'와 'Applied Psychoanalysis Professional' 자격증을 신청할 수 있습니다.

국내에서 가장 정통있는 정신분석 기관 중 하나로서 **현대정신분석연구소**는 인간에 대한 보다 심층적인 이해를 통해 한국사회의 정신건강에 기여하고자 합니다.

■ 졸업 요건

구분	PSYCHOANALYST	PSYCHOANALYTIC PSYCHOTHERAPIST
번호	· 등록민간자격 2020-003430	· 등록민간자격 2020-003429
임상	· 개인분석 300시간 이상 · 개인수퍼비전 200시간 · 임상 1,000시간 이상	· 개인분석 150시간 이상 · 개인수퍼비전 25시간 · 임상 150시간 이상
교육	· 졸업이수학점 72학점 · 기말페이퍼 12과목 · 종합시험 5과목 · 졸업 사례발표 2회 · 졸업논문	· 졸업이수학점 48학점 · 종합시험 5과목 · 졸업 사례발표 1회
입학 자격	석사 혹은 그에 준하는 학력이상	학사 혹은 그에 준하는 학력이상

※상기 자격은 자격기본법 규정에 따라 등록한 민간자격으로, 국가로부터 인정받은 공인자격이 아닙니다.

■ 문의 및 오시는 길

서울시 종로구 새문안로 5가길 28(적선동, 광화문플래티넘) 918호

- Tel: 02) 730-2537~8 / Fax: 02) 730-2539
- E-mail: kicp21@naver.com
- 홈페이지: www. kicp.co.kr (홈페이지를 통해 인터넷 강의도 수강이 가능합니다)

* 정신분석에 관한 유용한 정보들을 한눈에 보실 수 있는 **정신분석플랫폼 몽상**의 SNS 채널들과 **현대정신분석연구소** 유튜브 채널을 팔로우 해보세요!

네이버 블로그: blog.naver.com/kicp21

인스타그램: @psya_reverie

유튜브 채널: 현대정신분석연구소

페이스북 페이지: 정신분석플랫폼 몽상

QR코드로 접속하기